French
Basics

Alles, was man braucht, um sich wie Gott in Frankreich zu fühlen ...

Cornelia Schinharl   Sebastian Dickhaut

French Basics
Inhalt

Basic Rezepte

Basic Know-how

Vive la réduction!

Pardon, aber ist die Provence nicht eigentlich das bessere Italien? Und Paris das schickere London? Wir fragen ja bloß.

Ah, „la France": „croissant" und „pastis", „haute cuisine" und Pinot Noir, „menu du jour" und „café au lait". Schön, aber ist das nicht ein bisschen altmodisch? „Non!", erwidern wir. Und: „Ist altmodisch nicht ein bisschen modern?" Dem klassischen Bistro prophezeien wir etwa „une renaissance". Womit wir nicht die Snackbar an der Tankstelle meinen, sondern das Original: Bequembänke so weit die Wände reichen, davor Tische eng an eng, auf die uns gewitzte Ober einen Teller Senfkaninchen mit Wein stellen, während wir die Welt neu erfinden. Kann's einem besser beim Essen gehen?

Tatsächlich scheint es so, als ob die Franzosen das Essengehen erst erfunden hätten: Café, Bistro, Restaurant – alles Begriffe aus ihrer Sprache, die weltweit dafür stehen, sein Leben gastronomisch zu genießen. Und auch das Marketing hatte man in Frankreich längst entdeckt, bevor man es in den USA buchstabieren konnte – weswegen auch bis heute Champagner, Camembert oder Crème caramel der Maßstab für alle Schaumwinzer, Käsemacher und Süßköche sind.

Womit wir beim Kochen wären. Bei aller Liebe zu „cucina italia", britischen Popstarköchen und asiatischer Wok-Artistik: Die Mutter aller Küchen ist immer noch die französische. Sie stellt uns Zwiebelsuppe hin, wenn wir nicht wohlauf sind, und „bouillabaisse", wenn es uns richtig gut gehen soll. Sie hat immer eine Kalbsleber-Mousse zum Naschen in der Kühlung, und wenn wir sie ganz lieb fragen, macht sie uns jederzeit ein „cassoulet" mit Entenkeulen. Mit Auberginenkaviar vorweg und „crème de cassis" hinterher. Und zum „café" gibt es „macarons". Dass sie uns auch Terrine, Omelette, Ragout, Soufflé und Sorbet servieren kann, versteht sich von selbst – hat sie schließlich ebenfalls alles erfunden.

Da wird es keinen wundern, dass wir uns auf dieses Buch schon seit Jahren gefreut haben: eine Sammlung von großen Klassikern und charmanten Kleinigkeiten, gebettet in beste Informationen zu Käse, Meeresfrüchten oder Wein, dann alles behutsam eingekocht und am Ende mit einer frischen Prise Esprit gewürzt: French Basics. Vive la réduction!

Know-how

Marché superbe

Kennst Du das Land, wo Essen seit Jahrhunderten eine Marke ist? Schon alleine wegen des Einkaufens würde Gott in Frankreich leben. Denn hier gibt es nicht nur seine leckersten Gaben in Bestform, sie werden sogar noch weiter verbessert: frische Rohmilch zu cremigem Camembert, würzige Trauben zu aromareichem Wein und erstklassige Gockel zu feinen Pasteten. Auf den nächsten Seiten stellen wir Frankreichs wichtigste Zutaten vor.

Living your day the French basic way

Was soll das denn hier heißen? Und dazu noch auf Englisch? Nun, es wird schon noch Französisch – sogar mehr als man denkt.

Frankreich und Lebensart, die beiden gelten ja auf der ganzen Welt als eins. Man sagt auch „savoir vivre" dazu, was wir jetzt mal sehr frei mit „die Kunst des Essens" übersetzen. Von der wollen wir hier erzählen, am Beispiel von Roger und Clara, einem hübschen, jungen Paar in irgendeiner schönen Großstadt – nur in keiner französischen. Als Exilfranzose hat Roger hier trotzdem seine Wohlfühlplätze gefunden, die Clara meist mit ihm teilt – wobei auch ihre Begeisterung manchmal geteilt ist. Folgen wir den beiden einfach einen Tag lang durch ihre Stadt, und beobachten wir sie beim Genießen.

Le petit déjeuner – das Frühstück

Samstagmorgen. „Chérie, Frühstück ist fertig", flötet Roger zur Schlafzimmertür herein, was ihm aber nur ein brummiges „Hrmmpff" einbringt. Was nichts mit Morgenmuffeligkeit zu tun hat – Clara weiß einfach, dass das Frühstück für sie und diesen Franzosen zwei ganz, ganz verschiedene Dinge sind. Sie mag Müsli, Butterbrot mit Honig, am Wochenende gerne auch noch ein Ei dazu und zum Schluss noch ein Fläschchen Blaubeeren-Smoothie, er meint eine Schale „café au lait". Und an guten Tagen noch ein „pain au chocolat" dazu. (Wenigstens das letzte Klischee erfüllt Roger nicht – Rauchen war nie sein Ding, schon gar nicht beim Frühstück.) An Werktagen lässt er das Ganze völlig ausfallen und nimmt sein Frühstück „in der Bar wie in Paris" (er sagt natürlich: „Parri"), auch wenn diese Bar eigentlich ein kleiner Steh-Italiener im Hauptbahnhof ist.

Faire des courses – der Einkauf

Doch zurück zum Samstag. Jeder hat am Ende noch bekommen, was er wollte, nun haben sich die beiden fein für die Stadt gemacht, Roger wie immer ein bisschen feiner. Dann geht es zum Shoppen – Lebensmittel natürlich, was sonst? Clara würde ja heute gerne mal ins Basement vom Kaufhaus gehen, wo es schon eine Menge guter Sachen gibt und man so nicht den ganzen Vormittag mit Essenkaufen verplempern muss … „Kommt gar nicht in Frage", sagt Roger ein klein wenig streng. „Alleine wie die schon die Fische immer aufs Eis knallen, als wären das keine Lebenswesen." (Sein Deutsch wird immer etwas ungenau, wenn er sich aufregt.)

Und so geht es erst einmal in die „boucherie", einen Satz Schweinekoteletts besorgen, die es mit Knoblauchpüree für Freunde am Abend geben soll (Rezept Seite 92). Die vorgeschnittenen Koteletts sind Roger zu schmal und zu mager, und weil Metzger Franz („Franck") seinen guten Kunden kennt, holt er noch einen Schweinerücken aus der Kühlung und keine zehn Minuten später sind die perfekten Koteletts gefunden. Das Schauspiel auf dem Weg dorthin („mon dieu, lasse das Fett dran!") hat dafür gesorgt, dass keiner in der Warteschlange Roger böse ist.

Das ist der Kräuterhändler erst recht nicht, der selbst lang in einem französischen Lokal gekocht hat und nun auf dem Markt neben Grünem jeder Art auch sonst alles mögliche Aromatische anbietet. Fix sind der beste Thymian (dicht und dunkelgrün) und der ideale Knoblauch (jung und violett) gefunden, um so länger dauert die Wahl des richtigen Senfs zum Marinieren der Koteletts – bis Clara das in die Hand nimmt und den ergreift, den ihre Mutter auch immer verwendet – alleine dafür liebt Roger sie. Beim Weinstand muss er ganz draußen bleiben, denn er schwört zu jedem Essen auf den Cidre seines Onkels, der aber nur „eine bittere Plörre" ist, wie Clara immer wieder wenig diplomatisch sagt – doch auch der von ihr ausgewählte Pinot Noir wird ihn begeistern. (Den äußerst charmanten Weinverkäufer hat er ja nicht kennengelernt.)

Bon appétit – das Mittagessen

Bevor es am Schluss noch um Käse und Baguette geht, wird erst einmal ein kleines Mittagsmenü im Fischgeschäft eingenommen. Im Stehen zwar, was Roger eigentlich „horrible" findet, und auch dass er sich seine Gänge (Muscheln in Vinaigrette, Fischsuppe, „tarte tatin") selbst zusammensuchen muss, geht eigentlich gar nicht – aber dafür riecht es hier auch nicht nach gebackenen Tintenfischringen und der „café" ist so ordentlich wie der Chablis. Zurück zu Hause geht es dann direkt vom Kotelettmarinieren auf die Chaiselongue zum verspäteten Mittagsschlaf, bis leises Gläserklingen ertönt. Diesmal ist Clara zuerst wach geworden und gießt zur Einstimmung aufs Kochen schon mal einen Pastis ein – an dieses Zeug musste sie sich erst gewöhnen, inzwischen gehört der Aperitif aber zumindest am Samstag zum Ritual.

À la carte – das Kochen

Der Rest läuft dann wie von selbst: Grünes für den Salat mit Ziegenkäse putzen (Rezept Seite 60), Knoblauch fürs Püree aufsetzen, Champagner mit Zuckersirup mischen und fürs Sorbet einfrieren (Rezept Seite 127), schließlich die Koteletts schon mal anbraten und zwischendurch den Rest aus der Champagnerflasche vernichten – Clara sorgt für die Organisation, Roger für die Inspiration und der Tisch wird dann zusammen eingedeckt, damit noch ein bisschen Zeit bleibt, um sich fein zu machen – Roger wie immer etwas feiner.

Le digestif – der Ausklang

Alles geschafft: Platten und Schüsseln sind leer geputzt, die Teller ebenso, die erste Runde „café" ist gehalten, Gespräche und Gelächter gehen nun etwas tiefer, ebenso wie die Gäste, die jetzt zum Sofa wechseln, wo ein paar schwere Flaschen mit dunkel funkelndem Inhalt auf dem Tisch stehen. Und während die einen sich langsam etwas absacken lassen, werden die anderen immer aufgekratzter, da geht doch noch was, da ist doch noch was anderes im CD-Regal als diese Lounge-Musik, hier zum Beispiel, wie wäre es mit Gipsy Kings … … … … …

… … … „Schatz, Frühstück ist fertig." „Hrmmpff."

Ikonen der französischen Küche

Ikonen der französischen Küche

Herbes de Provence

Es gab mal eine Zeit in unserer Küche (die Jüngeren werden sich nicht mehr daran erinnern), da musste diese merkwürdig duftende Kräutermischung wirklich an jedes Gericht, das nach Sonne, Süden und Schwelgen schmecken sollte – und das war damals eigentlich alles vom Kräutersteak bis hin zum Butterbrot. Kein Wunder, dass man irgendwann genug davon hatte. Diese Zeiten sind zum Glück vorbei und die Komposition aus getrocknetem Thymian, Rosmarin, Lorbeer, Bohnenkraut und Oregano (über Lavendel streiten sich die Küchengötter; Anis, Basilikum, Fenchel und Salbei kommen auch des Öfteren vor) darf wieder mit in den Kochtopf. Hier macht sie sich gut in „ratatouille" (geschmortes Gemüse) oder einer Marinade für Grillhähnchen und -fisch.

Crème fraîche

Obwohl sie mit der „nouvelle cuisine" eigentlich gar nichts zu tun hatte, schwappte Frankreichs fette saure Sahne Ende der Siebziger des letzten Jahrhunderts in die Welt hinaus. Vor allem ihr Vermögen, Suppen und Saucen zu binden, ohne dabei auszuflocken, machte Crème fraîche in der Nach-Mehlschwitze-Ära populär. Beste Sahne aus dem küstennahen Norden („crème d'Isigny") oder dem Westen („crème d'Échiré") wird mit wenigen Milchsäurebakterien versetzt, um dann bei Temperaturen zwischen 20 und 40 Grad 1 bis 2 Tage zu reifen. So entsteht eine gelbliche Crème mit 38% Fett (30% sind Minimum), die man übrigens auch wie Sahne schaumig und steif schlagen kann. Ebenfalls sehr gut für Dips, Aufstriche oder kalte Saucen.

Eau

Dass die Bestellung „Ein Wasser, bitte!" im Lokal inzwischen eine ganze Reihe von Fragen hinter sich herzieht, haben wir vor allem Frankreich zu verdanken – und hier müssen wir jetzt mal Namen nennen. Perrier hatte damit angefangen, sein Wasser champagner-gleich als Marke und zugleich weltweit als Inbegriff für „feines Mineralwasser" zu etablieren. Dann kamen die Supermodels, die sich mit stillen Evians, Volvics oder Vittels schön tranken und besprühten. Das war natürlich kein reines Marketingkonzept, die Produkte aus den Alpen und Vogesen, der Auvergne und dem Midi sind schon was Feines, und die (nicht nur französische) Idee, zu Essen und Wein viel Wasser zu trinken, ist keine so üble. Doch wenn man Frankreichs „Terroir-Gedanken" zu Ende denkt – nach dem man immer aus dem Besten der Region das Beste macht – dann sollte der Rest der Welt doch erst mal sein eigenes Mineralwasser genießen, bevor es so aufwendig aus Frankreich importiert wird. Vor allem wenn man weiß, dass die genannten großen Vier längst zwischen Coca Cola, Nestlé und Danone aufgeteilt sind. Nicht wahr?

Fleur de sel

Der Name ist Poesie und Gesang zugleich, und die Herstellung ist es nicht minder: Das selbstverständlich beste Meerwasser der Welt wird von der Flut in natürliche Erdbecken geschwemmt, wo daraus unter der heißen Sonne feine, blumige Salzkristalle entstehen. Diese werden von emsigen Handwerkern, „sauniers" genannt, behutsam gepflückt und zum Trocknen gebracht, bevor die fleißige Salzmacherfamilie dann dem Ganzen die Überschrift gibt: „Fleur de sel Guerand" oder „Fleur de sel de Noirmoutier" am Atlantik und „Fleur de sel de Camargue" am Mittelmeer. Für Salzkartoffeln ist das Salz vielleicht viel zu schade – wir empfehlen es zum Bestreuen von Butterbroten (auch wenn's kein Baguette ist), gallischen Hühnereiern oder einer Scheibe „bœuf à la mode" (Rinderschmorbraten mit Rotwein).

Café

Als bei uns noch niemand von Cappuccino oder Latte macchiato sprach, war er schon längst da: der „café au lait" – klassisch zum Frühstück aus großen Schalen geschlürft – wozu man sein Croissant oder Brioche knabbert. Das kann zu Hause geschehen, an der Bar oder auch im Café, wohin man sich aber lieber tagsüber hockt, um den Leute draußen ein wenig beim Leben zuzusehen. Dort darf es dann ruhig auch mal ein „petit café" sein, so was wie ein Espresso würden manche sagen, wir natürlich nicht (tatsächlich schmeckt der Kaffee in Frankreich anders als in Italien, weil hier unter anderem die Bohnen sehr langsam geröstet werden). Wir bestellen ja auch einen „grand café", wenn wir eine Tasse Kaffee wollen, und sagen zum „café au lait" lieber „grand crème".

Baguette

Frankreich kann sicher nicht mit den meisten Brotsorten der Welt angeben – aber wer braucht die auch, wenn eines der wenigen Brote gleich das weltberühmteste ist. Im Original knapp 80 cm lang, 5–6 cm im Durchmesser und 250 g schwer, hat es idealerweise in seinem Inneren eine grobporige, nicht zu trockene Krume. Die verdankt das echte Baguette einem Ansatz mit etwas Sauerteig, der mit Hefe weitergeführt wird – eine Kunst, die den ganzen Bäcker fordert und eine ganze Reihe von Bäckern überfordert. Das Baguette wird frisch zum Essen eingekauft und dabei vor allem als Beilage genutzt: rustikal in Stücke geteilt oder etwas feiner in Scheiben geschnitten, die dann aber auf keinen Fall komplett mit Butter beschmiert werden (sondern nur Bissen für Bissen). Ebenso ist das Belegen mit Wurst oder gar Käse tabu, wenn man sein Baguette richtig stilecht essen will. (Und gratinierte Tiefkühl-Baguettes gibt's übrigens auch in keinem „bistro").

Nougat

Nein, er ist nicht braun und fettig und schmeckt nach Nuss, und er ist schon gar nicht Basis für einen Brotaufstrich. Französischer „nougat" ist weiß und luftig, denn für ihn wird Eischnee mit einem heißen Sirup aus feinem Honig und Zucker mit Mandeln, Pistazien und anderen Leckereien zu einer cremigen Masse gekocht, die vielleicht aussieht wie türkischer Honig, dabei aber viel schaumiger ist. Sein – natürlich AOC geschützter – Name: „Nougat de Montélimar", benannt nach der provenzalischen Stadt, die das aus Griechenland über Marseille eingebürgerte Herstellungsverfahren perfektioniert hat.

Brioche

Wie Baguette und Croissant ist dieses Hefegebäck de luxe ebenfalls ein würdiger Vertreter der großen französischen Backkunst, denn einen leicht süßen Hefeteig zum Gehen zu bringen, wenn ihn Ei und Butter schwer belasten, ist eine Kunst für sich. Ihn dann aber auch noch dazu zu bringen, sich in kleinen, runden Formen mit den charakteristischen Knubbeln obendrauf zu zeigen – bravo! So isst man die Brioche zum Frühstück. In der Kastenform goldbraun gebacken, zu Scheiben aufgeschnitten und geröstet wird Brioche als ganz besonderer Toast gerne zu Enten- und Gänseleber gereicht.

Und was heißt eigentlich AOC?
Mehr dazu beim Käse auf Seite 14.

Croissant

Dass der „aufgehende Halbmond" aus Österreich nach Frankreich gekommen sein soll, wird natürlich vehement bestritten. Und selbst wenn – nicht das Kipferl, sondern das Croissant ist heute in aller Munde. Um dieses herzustellen, werden in einem aufwendigen Verfahren Hefeteig und dünne Butterplatten ineinandergefaltet und wieder auseinandergerollt, bis man ein entstandenes Teigquadrat diagonal teilt und die daraus entspringenden Dreiecke zu Croissants aufrollt. In Frankreich ist es pur der Klassiker zum „café au lait", und wurde es gerade geformt mit kompakter Schokolade im Inneren, wird ein wunderbares „pain au chocolat" draus – wer es stattdessen mit Nougatcreme füllt, ist ein Kulturbarbar.

Moutarde de Dijon

Nur die Hauptstadt des Burgunds hat das Monopol inne, dem Dijon-Senf seinen Namen zu geben – wobei die Zutaten dazu aus ganz Frankreich kommen dürfen. Das sind vor allem sehr kleine braune und schwarze Senfkörner, die vor dem Mahlen in Traubenmost liegen, wo sie erst ihre Schärfe entwickeln. Das Ergebnis ist ein fruchtig-scharfer Senf, der natürlich auch gut zu einer Elsässer Knack schmeckt, noch feiner aber in einer cremigen Sauce (Senf immer ganz zum Schluss einrühren!) zu Fisch oder Kaninchen oder als Geheimwaffe versteckt im „croque monsieur", einem gebackenen Schinken-Käse-Toast. Übrigens: Es gibt nicht nur Dijon-Senf einer Marke, vergleichen lohnt sich sehr!

Cornichons

Anders als bei uns steht dieser Name in Frankreich nicht für die fingerkleinen und süßsauer eingemachten Gürkchen im Glas. Dort können auch größere, nicht ganz reife Gurken im typischen Essig-Würzsud eingelegt werden, der eher scharf als süß ist, weil man Zucker oder gar Süßstoff weglässt. Klassisch gibt es Cornichons zu einer Scheibe grober Hauspastete, sie können aber auch zu Brot, Käse und Butter mit auf den Tisch gestellt werden.

Cidre

Normannen und Bretonen sparen sich das ganze Chichi mit Rot oder Weiß, Cru oder nicht, Burgunder- oder Bordeauxglas. Sie pressen ihre besten Apfelsorten in einem ausgereiften Verhältnis zwischen süß, sauer und bitter und lassen den Saft kühl und langsam mithilfe der enthaltenen Hefen im Fass vergären, bis nur noch ein bisschen Restzucker übrig ist. Dann wird umgefüllt und es entwickelt sich Kohlensäure – bei ganz feinen Cidre-Sorten geschieht das wie beim Champagner in der Flasche („cidre bouché"), sonst im Fass. Es gibt natürlich auch noch die Industrie-Cidres, die dann nicht das AOC-Siegel tragen dürfen, aber c'est la vie! Und vielleicht das noch: Relativ trockener „cidre brut" enthält um die 5 % Alkohol, der milde „cidre doux" die Hälfte davon.

Le beurre

Warum zahlen amerikanische Gourmets ohne Wimpernzucken 8 bis 10 Dollar für ein Stück Butter aus Frankreich? Weil die eines der besten Stücke des Landes ist. Deswegen trägt etwa „Beurre d'Isigny" das AOC-Siegel. Die Milch – frisch von der Kuh, die auf saftigen Weiden Blumen und Kräuter gegrast hat –, aus der diese Butter hergestellt ist, macht sie so besonders. Es gibt „le beurre" pur als Rohmilchbutter, ungesäuert als Süßrahmbutter (gut für eine Hollandaise) und als Sauerrahmbutter. Letztere wird in Frankreich oft gesalzen, bis zu 3 % gelten dabei als leicht gesalzen.

Vom Duft der kleinen, feinen Welt

In Frankreich gibt es für jeden Tag einen anderen Käse?
Seit wann hat ein Jahr über tausend Tage?

So kompliziert ist das nicht, ein französisches Essen auf den Tisch zu stellen. Man nehme Milch, Mehl und Weintrauben, nachdem das ordentliche „Handwerker" in den Fingern gehabt haben, und schon steht da eine Portion Käse samt Beilage (Baguette) und Getränk (Wein) vor einem – voilà, typischer französisch geht das wohl kaum. Und um das allertypischste Stück Frankreich wollen wir uns jetzt gleich mal kümmern – „le fromage".

Käse für die Welt

Ob der Erfinder des Käses Franzose war, wissen wir nicht – auch im übrigen Europa und im Orient wird seit Jahrtausenden Käse gemacht. Aber nirgendwo sonst als in Frankreich hat sich jede Region, jeder Landstrich eine eigene Art von Käse ausgedacht: dickgelegt, aus Kuh-, Ziegen- oder Schafsmilch, in Bällchen-, Röllchen- oder Pyramidenform, mit blau, weiß oder rotmachenden Bakterien versetzt oder gleich mit feiner Asche eingerieben, auf Stroh platziert oder in Kastanienblätter gewickelt.

Das Schöne daran ist, dass dies ohne Globalmarketing und Unser-Käse-soll-schöner-werden-Aktion passierte, sondern ganz natürlich. Die Bauern nahmen die Milch, die sie hatten, und setzten sie den Bedinungen aus, die in ihrer Umgebung herrschten – et voilà, schon lag da ein Roquefort in der Höhle oder ein Camembert in der Schachtel. Na, fast jedenfalls. Weil die Welt sich aber nun mal ändert, hat Frankreich die Unsere-Produkte-sollen-gut-und-einzig-bleiben-Aktion und damit das kulinarische Globalmarketing erfunden. Denn wie Champagner und Bordeaux werden auch Munster und Reblochon durch die „Appellation d'Origine Contrôlée" geschützt, kurz AOC genannt. Dieses Schutzsiegel bezeugt, dass ein Produkt mit klingendem Namen auf festgelegte, traditionelle

Art produziert wird, was beim Käse zum Beispiel heißt, dass verwendete Milch, Herstellung und zum Teil Reifung an eine ganz bestimmte Region gebunden sind – sonst könnte sich jeder dahergerollte Käse „Camembert de Normandie" nennen, mon dieu!

Von der Milch zum Laib

Wie so viele Delikatessen ist auch der Käse entstanden, weil der Mensch sich Gutes erhalten wollte: die Milch. Diese reagiert nämlich sensibel auf alle Umgebungsbedingungen. Kennt man ja: Steht sie zu lange rum, fällt sie in Klumpen aus der Tüte oder – gemeiner – gerinnt beim Aufkochen zu Stückchen. Genau das ist es, was aus Milch Käse werden lässt. Anfangs war's noch ein Zufallsspiel mit der Natur, das je nach Umfeld unterschiedlich ausging: Kamen gute Bakterien aus Luft und Stall in die

Milch, gerann diese, ohne dann fies zu schmecken. Kam guter Schimmel dazu, machte der sie edler – zu Edelschimmelkäse eben.

Es muss dann ein früher Molekularkoch gewesen sein, der die Idee mit dem Lab hatte. Dieses in Kälbermägen enthaltene Enzym bewirkt dort, dass die Muttermilch gerinnt und so verdaulicher wird. Und so versetzt man bis heute die Milch mit etwas Lab und lässt sie „dick werden". Oft kommen noch Milchsäurebakterien mit dazu, die solo verwendet Milch zu Quark oder Frischkäse machen. Die geronnene Milchmasse wird dann in walnussgroße bis reiskornkleine Stücke geteilt. Dieser „Bruch" kommt in Siebe, die dem Käse Form geben und die Molke – teilweise unter Druck – ablaufen lassen. Je feiner der Bruch und je stärker das Pressen, desto mehr Molke fließt ab, und desto härter ist der Käse am Ende.

Gut, das können nicht nur Franzosen. Aber was macht die zu den Käseweltmeistern? Ihre Rohmilchkäse und deren Veredler. Viele französische Käseklassiker werden nämlich aus unbehandelter Milch frisch vom Tier hergestellt, was sie so bockig werden lassen kann wie Frankreichs große Weine. Und wie bei diesen kümmert sich ein Profi darum, dass alles bestens wird – der „maître fromage affineur": Nachdem der „neugeborene" Käse aus dem Sieb gehoben ist, hegt, pflegt, salzt, dreht, wendet und streichelt er die Laibe, bis sie optimal sind und dann sofort von Feinschmeckern des Landes nach Hause auf den Käseteller getragen werden. Denn Weltmeister wird man nur dann, wenn man genügend eigene Fans in der Nation hat. Und darin liegt Frankreich ja ziemlich weit vorne, oder?

Käse kaufen und genießen

Aber auch in Frankreich wird nicht jeder Käse von Gott gemacht, selbst ein AOC-Laib kann aus einer kleinen Fabrik stammen. Und am Ende zählt sowieso, was die Händler mit ihm machen. Schneiden sie ihn frisch auf und wickeln ihn in Wachspapier – gut. Gibt's ihn nur in Folie gezurrt, hüllt man ihn zu Hause in Papier und lagert ihn in einem belüfteten Behälter im Gemüsefach des Kühlschranks – Schimmel- und Schmierkäse in der Extrabox. Zum Servieren wird der Käse eine halbe Stunde vorher rausgenommen (außer Frischkäse, die kühl viel besser schmecken) und dann – zumindest in Frankreich – nicht unbedingt zu Käsebrot verarbeitet, compris? Apropos Tabus: Zu vielen Käsen passt eher Weißwein oder Cidre als Rotwein, Details siehe rechts.

Das kleine Käsebrett

Die Weichen
Camembert dürfen viele heißen, **Camembert de Normandie** aber nur er: 250 g schwer, bis 11 cm breit, 3 cm hoch, 45 % Fett i.Tr., aus normannischer Rohmilch, mindestens 21 Tage gereift, sodass er würzig, aber noch nicht nach Ammoniak schmeckt und komplett weich ist, aber noch nicht zerfließt. Das ist auch der Idealzustand für **Brie de Meaux** und **Brie de Melun**, die ebenso zum Hochadel der Weichkäse mit Edelschimmel zählen. Zum echten Camembert ist Cidre klassisch, zu Brie passt ein Rosé gut.

Die Festeren
In Frankreich kommt Schnittkäse zwar nicht aufs Brot, dafür wird der fette **Gruyère** zum Gratinieren genommen. Besonders fein: **Gruyère de Beaufort** und **de Comté** aus Rohmilch. Mit fester Schimmelrinde ist der schön aromatische **Tomme de Savoie** überzogen. Fast ein Hartkäse ist der **Cantal** aus dem Massif Central, der wie britischer Cheddar durch öfteres Schichten, Säuern und Einsalzen des Bruchs vor dem Pressen seinen Charakter erhält.

Die Roten
Sie bekommen mithilfe von Bakterien im Reifekeller eine rote Flora bzw. feuchte Rotschmiere und ihren typischen Geschmack. Aus dem Elsass stammt der weiche **Munster**, aus der Normandie der festere und mit dünnen Bändern umwickelte **Livarot**, berühmt ist der geschmeidige, fette, rotgelbe **Reblochon**, ebenso der eckige, speckige **Pont l'Evêque** aus der Normandie. Zu allen passt Bier sehr gut.

Die Blauen
Er ist der Kaiser, Frankreichs erster AOC-Käse: **der Roquefort**. Die Schafsmilch, aus der er gemacht wird, kann aus ganz Frankreich kommen, reifen darf der Käse aber nur in Höhlen der gleichnamigen Region, nachdem er mit Blauschimmel geimpft worden ist. Weitere berühmte Blauschimmel sind **Bleu d'Auvergne** und **Fourme d'Ambert**. Perfekt dazu: alte Süßweine.

Die Weißen
Mangels Karotin in der verwendeten Milch sind Frankreichs Ziegenkäse innen weiß: frische **Chavroux**, in Schimmel oder auch Holzkohlestaub gehüllte **Chabichou**, mit Stroh in der Mitte gereifte **Saint-Maure**, würzig-feste **Crottin de Chavignol**. Gut dazu: weiße Loire-Weine.

Wenn mein Metzger ein Gourmet ist

Ausnahmsweise sind Frankreichs Würste und Schinken nicht die berühmtesten der Welt. Dafür sind seine Pasteten einmalig.

Auf Französisch klingt einfach alles gleich viel besser: der Penner – le clochard. Das Klo – la toilette. Kotelett mit Pommes – steak frites. Und was ist eine Metzgerei schon gegen eine „charcuterie"? Gut, wenn wir über Wurst reden, da ist das Angebot in Deutschland doch etwas großzügiger (solange man die schnöden Kochwürste mitrechnet), und die weltberühmteren Schinken kommen eher aus dem Süden Europas als aus der „charcuterie". Aber da sind dann noch all die Confits und Rillettes, Terrinen und Galantinen, Gelees, Patés und Pasteten, die es so richtig fein nur vom Franzosen gibt. Und wer schon mal eine echte, in Frankreich „cervelas" genannte „Lyoner" oder „Jambon de Bayonne" probiert hat, weiß: Wurst und Schinken machen können sie eben auch in Frankreich.

Schinken & Würste

Während die Franzosen beim Käse klar Weltmeister sind, haben bei Luftgetrocknetem vom Schwein die Italiener ihre feine Nase vorn – und sei es nur bei der Vermarktung. Parma- und San-Daniele-Schinken kennt jeder, und auch bei den eingesalzenen Rohwürsten mit Bergluftaroma fällt einem zuerst die Salami ein. Und so lässt sich im Bistro richtig was dazulernen, wenn einem der „patron" zum Wein einen Teller „charcuterie" hinstellt: Darauf befindet sich milder, fast süßlich schmeckender Bayonne-

Schinken („Jambon de Bayonne"), der inzwischen in ganz Frankreich luftgetrocknet wird („jambon cru"), aber nur dann das AOC-Siegel trägt, wenn er tatsächlich aus dem Baskenland kommt. „Jambon des Ardennes" ist vor allem aus Belgien berühmt, der herzhafte, tiefrote Schinken kommt aber auch aus Frankreich. Sehr geschätzt werden außerdem Schinken aus der Auvergne und von Korsika. „Jambon de Paris" steht allgemein für Kochschinken.

Das französische Pendant zur Salami sind die „saucissons" – beide haben ihren Namen vom Salz, das man rohem Schweinefleisch zusetzt und dieses dann in Därme steckt. So verändert sich das Eiweiß, und Wasser wird entzogen, was zusammen mit dem Lufttrocknen (sehr selten werden „saucissons" geräuchert) die Würste konserviert. Dass dabei ein ganz besonderer Geschmack entsteht, ist heute der Grund für die Beliebtheit französischer Dauerwürste. Eher was für Spezialisten sind die berühmten Kochwürste der Nation, in denen so einiges steckt, was man nicht jeden Tag essen mag. Mehr dazu im Kasten auf der Seite rechts.

Confits, Rillettes & Patés

Frei übersetzt ist der „charcutier" ein „Fleischgarer", und tatsächlich zeigt dieser der Welt seine einzigartige Klasse, wenn er vom Metzger zum Koch wird. Er siedet etwa die etwas zäheren Stücke seines Lieblingstiers (des Schweins) in Schmalz langsam am Knochen weich, löst das Fleisch ab, kocht es noch weicher und füllt es dann in Töpfchen, damit man das Ganze zum Brot genießen kann – „rillettes". Natürlich gibt es das auch von Kaninchen, Ente oder Gans, deren Keulen aber eher zu „confit" vekocht werden. Dazu salzt man sie meist ein und lässt sie am Stück in Schmalz weichkochen, worin sie konserviert werden.

Wird Fleisch – von Schwein über Kalb und Kaninchen bis zu Geflügel – samt Innereien (gerne Leber) mit Fett und Aromaten fein gemixt, heißt das bei uns meist „paté", in Frankreich aber steht dieser Begriff für alles Mögliche aus Fleischmasse oder -teig, also auch für die in der Form gegarten Meisterstücke der „charcuterie", zu denen wir jetzt kommen.

Terrinen, Galantinen & Pasteten

Eine „paté de terrine" wird nicht in der Suppenschüssel gegart, sondern in ebenfalls sogenannten Porzellan- oder schweren Metallformen (sehr oft im Wasserbad im Ofen). Jede Art von Fleisch – wie auch Fisch oder Gemüse – kann zur Terrine werden, die Masse ist meist mit Fett versetzt und mit Einlagen durchmischt, die zum einen Geschmack und zum anderen der aufgeschnittenen Terrinenscheibe ein schönes Bild geben. Die Bandbreite reicht von der groben Hausterrine aus fettem Schweinefleisch bis zur edlen Gänseleberterrine. Wird die Fleischmasse für eine Terrine direkt in der von allen Knochen befreiten Haut des Tieres gegart (z. B. bei Geflügel oder Kaninchen), nennt man das „galantine".

Als die besten Stücke aus der „charcuterie" gelten aber immer noch die berühmten Pasteten, „paté en croute" genannt. Hier wird eine kräftig gewürzte und dekorativ mit Einlagen versetzte Masse in eine mit Pastetenteig ausgeschlagene Form gefüllt und im Anschluss gebacken. Dabei lassen kleine Öffnungen oben den Dampf entweichen, damit der Teig nicht reißt. Nach dem Erkalten wird durch diese Öffnungen ein pikantes Gelee gegossen, um den Hohlraum unter dem Teig aufzufüllen. Schließlich schneidet man Pasteten – wie auch Terrinen oder Galantinen – in Scheiben, dekoriert sie kunstvoll auf Platten und serviert sie mit kalten Saucen. Ebenso sind sie aber als appetitanregende Vorspeise auf den „hors-d'œuvre"-Tellern der Bistros und Restaurants zu finden.

Kleine französische Wurstplatte

Andouille(tte)
Zum alphabetischen Beginn gleich mal DIE französische Wurst für die Spezialisten unter den Feinschmeckern: Gekröse (= Darm und Magen) vom Kalb, fettes Fleisch vom Schwein, diverse Innereien und anderes ist ummantelt von Darm. „Andouille" wird gekocht und kalt als hors-d'œuvre serviert oder als „andouillette" gebraten.

Boudin
Die dunkle „boudin noir" ist eine Art Blutwurst aus Schweinefleisch, Fett, Innereien und Blut, die ähnlich wie unsere Blutwurst gebraten, gegrillt oder gesotten wird. Die helle „boudin blanc" enthält kein Blut, dafür oftmals Sahne oder Milch. Auch sie wird gerne gebraten oder gegrillt, traditionell zu Weihnachten.

Knack
Die schmalen, leicht geräucherten Brühwürstchen aus Schweinefleisch sind eine Spezialität aus Strasbourg und ähneln unseren Frankfurtern oder Wienern. Klassisch werden die feinen Würste im „choucroute alsaciennes" serviert, dem elsässischen Sauerkrauttopf, sie wurden aber auch schon in Hot Dogs gesehen.

Cervelas (Lyoner)
Nicht zu verwechseln mit dem, was bei uns unter Lyoner läuft und meistens nichts anderes ist als Fleischwurst. Die wahre „cervelas" hat Fett- und Fleischstückchen in ihrem gut gewürzten Brät und wird nach dem Brühen noch kurz geräuchert. Warm delikat zu Hülsenfrüchten.

Merguez
Diese schmale, kräftig orientalisch gewürzte Bratwurst aus Lamm- und Rindfleisch stammt aus den früheren französischen Kolonien in Nordafrika, ist aber inzwischen im Land so eingebürgert, dass man sie sowohl zu Couscous als auch zu Kartoffelpüree serviert bekommt.

Saucisson
Ähnlich der Salami wird dafür Schweinefleisch mit Fett eingesalzen, gewürzt, in Därme gesteckt und luftgetrocknet – wobei je nach Region unterschiedliche Würste entstehen, die meist weißen Schimmel auf der Pelle tragen, z. B. „saucisson arlesienne".

Alles mit Flügeln, das schmeckt

Wenn eine Nation sich in Wahrheit zum Hahn statt zum Adler bekennt, ist das sympathisch – und ein gutes Zeichen für seine Küche.

Den Ausspruch von Henri IV. „Jeder Franzose soll sonntags ein Huhn im Topf haben!" kennt eigentlich jeder, der gerne isst. Dieses Getier spielt eben eine große Rolle in der Nation, deren Volkssymbol der Hahn ist, und in der es nie ein Wienerwald-Lokal geben wird. In Huhn und Perlhuhn, in Wachtel und Gans vereinen sich alle Küchen des Landes – die bäuerliche wie die feinschmeckerische, die der Regionen und der Städte, die traditionelle und die exotische. Die französischen Geflügelrassen gelten als die besten der Welt, und nirgendwo sonst bereiten Köchinnen und Köche daraus so unterschiedliche Gerichte zu – vom Hahnenkamm bis zum Gänsefuß.

Von den besten Hühnern der Welt

Nicht immer ist der Stolz der Franzosen auf ihr Land und seine Küche leicht zu vermitteln. Bei Huhn und Hahn kann man damit aber schon im Supermarkt beginnen, der in Frankreich ja an sich schon eine ganz andere, reichere Welt ist als zum Beispiel in Deutschland. Stößt man in solch einem „supermarché" auf die Geflügelabteilung, fällt einem eins gleich auf – die fast schneeweißen Mini-Hühner unter 1 kg, die die deutsche Theke beherrschen, fehlen hier. Ab 1000 g geht es dort erst richtig los mit Hühnern, die länger gelebt haben als bei uns, damit ihr Fleisch stärker und dunkler reift, um zu einem rassigen „coq au vin" oder einem Frikassee zu werden. Und auch Suppenhühner, die gerne für sehr gehaltvolle Ragouts hergenommen werden, muss man nicht lange suchen. Ebenso ist der Anblick von einem ganzen geschlachteten Huhn samt Kopf und Krallen in Frankreich immer noch nichts Ungewöhnliches, denn daran erkennen Kenner das Schlachtalter und die aktuelle Frische des Tieres. Der

französische Superstar unter den Hühnern kommt aus der Bresse. Als einziges trägt das „poulet de Bresse" das AOC-Siegel, das ihm nur unter straffen Voraussetzungen verliehen wird: tiefblaue Beine, reinweiße Federn und ein kräftig-roter Kamm zählen zu den äußeren Merkmalen (und entsprechen natürlich nur rein zufällig der französischen Flagge). Ihre hohe Qualität verdanken die Bresse-Hühner einem großzügigen, freien Auslauf, bei dem sie sich anfangs ihr Futter selbst suchen, später werden ihnen dann vom streng geprüften Züchter ausschließlich Mais, Getreide sowie Milchprodukte zugefüttert, bis sie frühestens ab der 16. Woche geschlachtet werden. Danach sind sie so teuer wie kein anderes Huhn – aber man wird auch kaum eines finden, das besser schmeckt.

Von Enten und Gänsen

In den Achtzigerjahren des letzten Jahrhunderts wurde sie zur Weltberühmtheit – die fleischige, aromatische Brust der Barbarie-Ente mit ihrem gleichmäßigen Fettrand (dafür fehlt im Fleisch selbst das Fett fast ganz), die sich so wunderbar außen knusprig und innen rosa braten lässt. Diese Entenart zählt zu den Flugenten, die heute zwar kaum noch fliegen, aber trotzdem kraftvoller und magerer im Fleisch sind als die normalen Hausenten, die meist in Deutschland oder auch Asien gehalten werden. „Barbarie" steht dabei nicht für eine französische Region, sondern für „Barbarei" – die aus Südamerika stammenden Enten („canards") werden erst seit dem 19. Jahrhundert in Frankreich gezüchtet. Kleiner und damit besonders gut zum Durchbraten im Ganzen geeignet ist die Nantaiser Ente. Sehr geschätzt wird auch die Leber der Ente – ob nun gemästet oder nicht.

Womit wir bei den Gänsen („oies") wären und gleich bei ihrem bekanntesten wie berüchtigsten Teil: der Gänsestopfleber, schlicht „foie gras" genannt. Durch extremes Mästen – das Futter wird den Gänsen unter anderem mit einem Stab in den Hals gedrückt – wächst die Leber um ein Vielfaches ihrer natürlichen Größe zu einem 2-Kilo-Stück heran, das beim Schlachten cremig und ockerfarben ist. Wer sie sich sanft gebraten oder zu „paté" verarbeitet mit einem Süßwein auf der Zunge zergehen lässt, schwärmt meist von ihr. Doch wer einmal dabei war, wenn Gänse gemästet wurden, dem kann schnell der Appetit vergehen.

Und damit zeigen sich an der Gans schön die Pole der französischen Küche. Während die Gänsestopfleber ein Produkt der Hochküche ist, auf das selbst Gourmetlokale in Hongkong nicht verzichten wollen, ist das Gänseconfit ein ursprüngliches Stück aus den Bauernküchen Frankreichs. Dort hat man die Keulen und Flügel der Gänse traditionell vor dem Winter im eigenen Fett weichgekocht und konserviert, um in der kalten Zeit immer eine ordentliche Portion Kraft und Würze in petto zu haben. Hierfür wie auch für den in Frankreich eher seltenen Gänsebraten werden Weidemastgänse bevorzugt, die mit 30 Wochen oft doppelt so lange aufgepäppelt werden wie normale Mastgänse, was ihr Fleisch sehr aromatisch macht.

Alles, was sonst noch Flügel hat

Das Perlhuhn („pintade") hat mit dem Haushuhn nichts zu tun, sondern ist eine halbwilde entfernte Verwandte des Fasans, die vor allem in Frankreich im großen Stil gezüchtet wird. Seinen Namen hat es von den hellen, perlenartigen Punkten im zarten Gefieder, sein Fleisch ist saftig und zart mit leichtem Wildgeschmack. Auch gezüchtete Tauben („pigeons") sind in Frankreich nichts Ungewöhnliches auf der Menü-Karte, vor allem junge, um die 400 g schwere Tiere werden gebraten oder geschmort. Ebenfalls eine französische Spezialität sind Wachteln („cailles"), die nach 5–6 Wochen zwischen 100 und 120 g schwer und damit ideal zum Schlachten sind – anschließend setzen sie zumindest als Masttiere zu viel Fett an. Sie werden meist im Ganzen gebraten oder gegrillt, in der Hochküche versucht man sich auch an Kunstwerken mit der besonders zarten Brust und den kleinen Schenkeln. Wir lassen das aber, denn wir sind ja hier schließlich bei den Basics.

Von harten Schalen und zartem Fleisch

Was schmecken soll, muss nicht schön sein – auf Frankreichs Meeresfrüchteplatten sind die Beweise zu sehen.

Vielleicht der französischste Moment, den man haben kann: mittags im Sommer in einer kleinen Hafenstadt, ein Tisch unter der Markise an der Promenade, vor der das Meer leise vor sich hin gluckst. Der Himmel leuchtet magisch, das Roséglas beschlägt malerisch und das Gegenüber grinst – hinunter auf den riesigen „plat fruits de mer" zwischen uns, auf dem sich Meerschnecken, Langoustinen und „fines de Claire" (mehr dazu auf der nächsten Seite) auf Eis räkeln. Und dann greifen wir zu. Es lebe die Liebe – zu den Meeresfrüchten.

Und die kann man auch noch mit recht gutem Gewissen essen. Denn anders als viele Fische (gerade die edlen) sind fast alle Muscheln und manche Krustentiere in Atlantik und Mittelmeer nicht so stark bedroht. Das liegt zum einen daran, dass die Bestände schnell nachwachsen und ihr Fang nicht professionell von Riesenflotten betrieben wird, dazu werden viele von ihnen bereits gezüchtet. Außerdem ist der Hunger auf die manchmal auf dem Teller schwer zugänglichen Tiere nicht so groß wie der aufs unkomplizierte Fischfilet. Umso mehr fliegen Feinschmecker auf die ganz eigenen und intensiven Aromen von Meeresfrüchten – gerade dann, wenn sie sich die zarten Genüsse in harter Schale mit den eigenen Händen erarbeiten müssen. Wie viele andere Produkte gelten auch „fruits de mer" in Frankreich als besonders hochwertig in der Qualität – dank ihrer kritischen Käufer.

Von Krevette zu Krabbe zu Krebs

Die Krustentiere sind die größte und vielseitigste Gruppe unter den Meeresfrüchten, ihr Fleisch schmeckt mild bis leicht süßlich und nur zart salzig mit sanftem Biss. Die „Krusten" sind im Laufe ihres kurzen Lebens gewachsene Panzer, die hauptsächlich aus Chitin bestehen, das beim Garen rot wird. Was anderswo Garnelen, Prawns oder auch Shrimps sind, fällt in Frankreich unter den Namen „crevettes", Krevetten. Feinschmecker schwören dabei auf die aus den kalten Zonen von Atlantik und Mittelmeer stammenden Tiere, die mehr Aroma entwickeln als Warmwasserkrevetten aus Übersee. Auch Naturschützer raten zu ihnen, da ihre Bestände besser erhalten sind. Wer's ganz richtig machen will, nimmt Bio-Zucht-Krevetten.

Eine Nummer größer sind Langoustinen, bei uns via Italien eher als Scampi, zu Deutsch Kaisergranat, bekannt. Ihr Fleisch ist fein und geschmackvoll, und anders als Krevetten besitzen die 10–20 cm langen Tiere Scheren. Geht ihr rosa Panzer in Orange über, sind sie schon älter. Ihre Bestände im Atlantik sind stabil, im Mittelmeer gelten sie als überfischt – „Finger weg!", sagen Umweltschützer da.

Besser schaut es bei der Languste („langouste") aus, deren Genuss wegen der relativ schonenden Fangtechnik mit Reusen für Fisch-Ökos „akzeptabel" ist. Allen Feinschmeckern dürfte diese Vokabel nicht ganz reichen, um den Geschmack von Langustenfleisch zu beschreiben, das

als große Delikatesse gilt. Anders als Hummer (zu ihnen kommen wir gleich) leben Langusten im warmen Wasser, in Frankreich werden vor allem Tiere aus Mittelmeer und südlichem Atlantik verspeist, weltweit ist die Karibische Languste am meisten verbreitet. Sind die Tiere im Panzer, kann man sie leicht vom Hummer unterscheiden, da sie keine Scheren besitzen, sondern lange Fühler. Auch ist der Kopfteil ihres 30–50 cm langen Panzers rauer als der des Hummers. Einmal geknackt, kommt es zu Verwechslungen, nicht zuletzt weil Langustenschwänze in der Tiefkühltruhe oft als „lobster tails" angeboten werden, was eigentlich Hummerschwänze bedeutet.

Der Hummer („homard") aber ist der King. Sein Fleisch mit seinem mild-süßen bis leicht nussigen Aroma gilt mit als das Feinste, was im Meer zu kriegen ist, sein Preis ist dementsprechend hoch. Auch wenn man bei uns auf den Europäischen und in Frankreich vor allem auf den Bretonischen Hummer schwört, stammen auch dort viele Tiere von den kalten Küsten Nordamerikas, vor allem Kanadas. Hier werden sie in großen Mengen gefangen, meist mit Reusen, aber ebenfalls mit Schleppnetzen – was Meeresfauna und -flora schadet. Umweltschützer raten im Zweifel trotzdem eher zum Amerikanischen Hummer, da der Europäische in seiner Heimat langsam auszusterben droht. Und selbst französische Sterneköche schmecken beim Blindtest keinen Unterschied zwischen beiden Arten.

Fehlt noch die Krabbe („crabe") – und wir meinen nicht die Nordseekrabbe, die zu den Krevetten zählt, sondern die echten Krabben wie zum Beispiel Taschenkrebse oder Strandkrabben, deren Fleisch auf Meeresfrüchteplatten oft direkt aus dem flachen Panzer gelöffelt wird. Und die Scheinkrabbe, deren berühmtester Vertreter die große Königskrabbe ist – lecker, aber in Europa meist nur tiefgekühlt oder in Dosen zu haben.

Von Auster zu Schnecke zu Igel

Da vor allem Zucht-Muscheln angeboten werden, sind sie ökologisch vorbildlich unter den Meeresfrüchten. Der „Anbau" auf Tauen, Netzen und Pfählen erspart einem auch langes Waschen, um etwa Sand herauszuspülen. Die Regel „nur in Monaten mit ‚r' kaufen" gilt noch und zugleich nicht mehr: Durch perfekte Kühlung von der Zucht bis zum Laden bleiben Muscheln auch von Mai bis August frisch, doch sind sie mehr Schadstoffen im erwärmten Meer ausgesetzt. Einmal gekauft, genießt man sie gleich oder am nächsten Tag. Vor allem, wenn's roh sein soll.

Wenn der Hummer der König der „fruits de mer" ist, dann ist die Auster („huître") die Königin. Traditionell wird sie gleich nach dem Knacken und Ablösen roh aus der Schale geschlürft, oft mit einem guten Spritzer Zitronensaft (unter dem sie noch zucken kann). Kenner bevorzugen die runde und flache Art „Ostrea", die sehr fein im Geschmack ist und von der Normandie bis zur Gironde gezüchtet wird – die Sorten „Belon" und „Imperial" gehören dazu. Verbreiteter ist die weniger anspruchsvolle, animalischer schmeckende Felsenauster. Sie ist länglich mit gewölbter und zerklüfteter Schale und schmeckt am besten, wenn sie aus kalten Gewässern kommt. Hoch geschätzt sind hier „fines de Claire".

Kommen wir zu den bürgerlichen Schalentieren (so der Fachausdruck für Muscheln und Schnecken). An erster Stelle stehen hier Mies- oder Pfahlmuscheln („moule"), die aus flachen Küstenstreifen in Atlantik und Mittelmeer stammen – letztere sind etwas breiter und größer, die aus kälteren Gewässern schmecken am besten, wenn sie klassisch gedämpft oder in Fischtöpfen mitgegart werden. Besonders geschätzt werden die „moules du bouchot" aus der Normandie, Bretagne und Charente. Vor allem die großen Herzmuscheln („coque") mit ihren geriffelten und stark gewölbten Schalen genießt man in Frankreich gerne roh, ebenso größere Venusmuscheln („praire"), die auch gedämpft oder in der Schale gratiniert werden. So wird die Jakobsmuschel („coquille Saint-Jaques") ebenfalls in ihrer großen Schale serviert, deren fleischiger, weißer Fuß mit dem orangen Corail eine dekorative Delikatesse ist – auch hier gilt: Die Tiere aus dem Atlantik sind besser als die aus dem Mittelmeer.

Dann sind da noch Meeresschnecken, die in einer Schale stecken und deren Fuß verwendet wird. Die „Abalone" ist sehr fleischig, Kult sind die kleinen „Bigomeaux" zum Pulen, die oft zu Aioli serviert werden. Für Spezialisten: Seeigel („oursin"), deren intensiv schmeckendes Fleisch nach dem Knacken direkt aus der Schale gelöffelt wird.

21

Was wollen wir trinken?

Rot? Weiß? Was Prickelndes? Was mit hohen Prozenten? Oder einfach nur: das Beste? Da sind wir in Frankreich gerade richtig.

Es hat schon eine faszinierende Arroganz, wie sich Frankreich als die „grande nation" des Weines behauptet. Da mögen sie in der Neuen Welt noch so granatige rote Kult-Cuvées schaffen – den Ritterschlag bekommen sie erst durch ein „fast wie ein Bordeaux". Und da kann der Rest der Welt noch so tolle Weißweine seit Jahrhunderten hegen und pflegen, am Ende ist dann doch meistens ein Chardonnay im Glas. Und über Champagner oder Cognac braucht man gleich gar nicht erst zu diskutieren.

Das französische Phänomen

Wenn's ums Trinken geht, setzen die Franzosen bis heute den Standard vom Weinberg bis zur Blindverkostung. Und dass sie dabei auch enttäuschen können, gehört zum Prinzip. Denn ihre Basis sind „terroir" (Boden, Klima, Weinbautradition einer Region) und Trauben. Daraus versuchen

Weinmacher alter Schule das Beste zu machen – mit der unerschütterlichen Sicherheit, dass die Bedingungen und Grundprodukte nirgends auf der Welt besser sind als bei ihnen. Und so entstehen unter großem Namen große Jahrhundertweine, aber auch mal – relative – Zwerge.

Moderne Weinmacher setzen am anderen Ende an, nämlich beim Kunden. Dessen Geschmack – oft geprägt vom Genuss der „großen Franzosen" – versuchen sie möglichst gut zu treffen, und das jedes Jahr aufs Neue. Dazu werden dann die passenden Trauben gesucht und das Geschmackswunder wird mehr im Keller geschaffen als im Weinberg. Was natürlich grob vereinfacht ist. Tatsächlich mischen sich die Methoden längst, und im Grunde geht es auch beim weltberühmten Bordeaux mittlerweile darum, Jahr für Jahr das vertraute Top-Aroma zu schaffen, das Weinkritiker, -händler und -trinker von ihm erwarten.

Der Blick aufs Etikett

Ja, ja, erlaubt ist, was schmeckt, darüber lässt sich nicht streiten – aber es gibt Kennzeichen, die einem beim französischen Wein bereits von außen zeigen, ob Gutes in der Flasche steckt. Ein wichtiges Signal sind die Buchstaben AOC für „Appellation d'Origine Contrôlée". Bei Weinen, die diese geschützte Herkunftsbezeichnung tragen, ist die Herstellung so geregelt, dass bei traditionellem Handwerk gute Qualität entsteht, und das Produkt seinem Namen keine Schande macht. Rebsorte (beim Burgunder z. B. nur Pinot Noir), Zeitpunkt der Ernte oder maximaler Ertrag je Hektar werden hier u. a. festgeschrieben – wer sich nicht dran hält, darf den geschützten Namen nicht tragen. Gut 450 französische Weine haben einen solchen.

Einfache AOC-Klassen nennen nur das Herkunftsgebiet, je detaillierter die Angaben werden, desto mehr kann man auch auf die Qualität des Weins vertrauen. Immer gut: Wenn der Winzer seinen Namen nennt und gleichzeitig der Abfüller („mis en bouteille au …") ist. Zusätze helfen nur zum Teil, los geht's mit dem namenlosen „vin de pays" (Landwein) und endet an der Spitze mit dem „grand cru".

Die Roten

An erster Stelle steht hier als Maßstab aller Weine der rote Bordeaux aus dem Bordelais – eine „cuvée" (also ein Verschnitt verschiedener Rebsorten) vor allem aus Cabernet Sauvignon (auch solo ein Gewinner), Merlot und Cabernet Franc – kann unbezahlbar gut, bezahlbar gut oder auch schon mal überbezahlt schlecht sein. Der Platz 2 gehört dem roten Burgunder aus der Bourgogne, der nur aus der Rebsorte Pinot Noir besteht. Weiter südlich an der Rhône wartet bis lauert der junge Beaujolais, es folgen der knorrige Châteauneuf-du-Pape und der populäre Côtes-du-Rhône. Wieder in Mode kommen die „Halbroten", die Rosés; und ein guter Tavel oder Clairet hat das auch verdient.

Die Weißen

Der Chardonnay ist weltweit der berühmteste Rebsortenwein (= nur aus einer Traube), und wer ihn aus seiner Heimat Burgund probiert, der weiß auch warum – Chablis oder Meursault sind zwei äußerst bekannte Vertreter. Die zweite weiße Prominenz ist der Sauvignon Blanc, der solo oder als Cuvée Weine wie Sancerre oder weißen Bordeaux prägt. Dazu kommen noch der Pinot Gris (Grauburgunder) und die sehr trockenen Rieslinge des Elsass.

Die Prickelnden

Wird Champagner überschätzt? Nein – wenn man einen bekommt, bei dem die strengen Regeln des Anbaus (handverlesen), der Herkunft (Champagne) und auch der Herstellung (Flaschengärung) von einem Winzer mit Leidenschaft angewandt werden, um diese perfekte feinperlige Mischung aus Pinot Noir, Pinot Meunier und Chardonnay zu erreichen. Ja – wenn ein Winzer die AOC-Bedingungen nur deswegen gerade so erfüllt, um mehr Geld aus seinen schlappen Trauben zu pressen. Dann ist man zum selben Preis mit einem „crémant" (flaschenvergorener französischer Schaumwein, außerhalb der Champagne-Region entstanden) oder „vin mousseux" oft viel besser bedient.

Kleine französische Hausbar

Absinthe
Hochprozentige Spirituose, mit Anis, Fenchel und Wermutkraut angesetzt. Letzteres enthält das in großen Mengen schädliche Thujon, was den Absinth im Frankreich des 19. Jahrhunderts zur Designerdroge werden ließ. Heute wieder legal mit unbedenklichem Thujon-Gehalt.

Armagnac
Französischer Weinbrand aus der Gascogne, der anders als Cognac nur einmal destilliert wird, bevor er zum Reifen in Fässer kommt. Älteste AOC-Spirituose Frankreichs.

Calvados
Brand aus gereiftem Cidre (Seite 13), welcher nach AOC-Regeln nur aus bestimmten Apfelsorten in der Normandie stammen darf. Reift nach zweimaligem Brennen im Fass.

Cognac
DER Weinbrand, zweifach gebrannt aus Weißweinen des Cognacais und der Umgebung, um dann in Eichenfässern mindestens 4 Jahre zu reifen. Es gibt 1000-Euro-Cognacs, in denen noch Stoff aus dem 18. Jahrhundert steckt.

Eau de Vie
Das „Lebenswasser" ist Vorbild für die Obstbrände bzw. -geister der Welt, in Frankreich gerne aus Himbeeren, Birnen (Williams) oder Steinfrüchten gebrannt. Ein Marc wird wie Grappa aus den Trestern (Pressrückstände) von Trauben gebrannt.

Liqueur
Zuckerhaltige Alkoholika, die mit Früchten, Gewürzen, Kräutern angesetzt werden. Sirupartige Liköre ruft man mit Vornamen „Crème" (z.B. Crème de Cassis = Johannisbeerlikör). Neben Kräuterlikören (Bénédictine, Chartreuse) sind Orangenliköre (Grand Marnier, Cointreau) typisch.

Pastis
Aperitif auf Anisbasis, der mit Wasser aufgegossen wird und typisch für Südfrankreich, speziell die Provence ist.

Vermouth
Mit Alkohol angereicherter sowie mit Kräutern, Gewürzen und Zucker aromatisierter Wein – von trocken bis mild. Als Aperitif oder zum Kochen (z.B. Noilly Prat).

Die 10 Basic Supertricks

Französisch für Einsteiger:Wie ess' ich denn …

… Artischocken?

1• Die Blätter mit den Fingern nach und nach von der gegarten Artischocke lösen. 2• Dann mit dem fleischigen Ende in einen Dip tauchen. Gedipptes Ende zwischen die Zähne stecken und hindurchziehen, sodass das „Fleisch" im Mund bleibt.

3• Sind die letzten Blätter entfernt, erscheint das „Heu", das man mit Messer und Gabel sauber ablöst (Artischockenheu auf der Zunge ist eklig!). Nun den Artischockenboden mit Messer und Gabel essen. Steht immer dabei: eine Schale mit Zitronenwasser zum Säubern der Finger.

  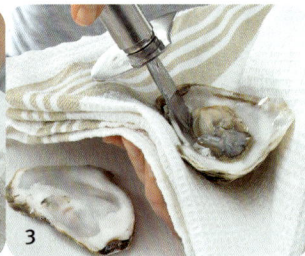  

… Austern?

1• Mit gewölbter Seite nach unten auf ein Küchentuch legen, in die Hand nehmen. Mit dem Austernmesser am „Scharnier" einstechen, durchschneiden. 2• Muskel durchtrennen, dazu zwischen den Schalen entlang fahren. Obere Schale abnehmen. 3• Muschelfleisch von der unteren Schale lösen, dabei anhaftenden Muskel durchtrennen. Fleisch samt Flüssigkeit schlürfen.

… Muscheln?

1• Geschlossene gegarte Muscheln aussortieren. 2• Aus einer geöffneten Fleisch herauslösen. Nun die Schale wie eine Zange nutzen und so übrige Muscheln essen.

… Garnelen?

1• Kopf zwischen die Fingerspitzen der einen Hand nehmen, Schwanz zwischen die der anderen, und mit einem Ruck voneinander trennen. 2• Schwanzspitze abdrehen, wobei oft der Darm mitkommt, sonst diesen langsam rausziehen. 3• Von der Unterseite her die Brustpanzerringe einzeln ablösen, die Garnelen essen. 4• Mit dabei: Zitronenwasser zum Fingersäubern.

… Schnecken?

1• Die Schneckenzange in die linke Hand nehmen, das Schneckengehäuse greifen. Dann das Fleisch mit einer ganz schmalen (Schnecken-)Gabel herausziehen, essen.

… einen Hummer oder eine Languste?

1• Gegarten Körper mit Schwanz flach aufs Brett legen, Kopf mit einem Handtuch festhalten und mit einem großen Messer Schwanzpanzer und -fleisch längs halbieren. 2• Drehen, den Schwanz und Kopf halbieren, die Beine entfernen. 3• Darm und graugrüne Innereien entfernen, dann das Fleisch direkt aus dem Panzer lösen. 4• Fürs Scherenfleisch oberen kleinen Scherenfinger hochbiegen und abziehen, sodass das Fleisch zurückbleibt. Unteres Scherenglied abdrehen und das Fleisch auslösen. 5• Übriges großes Scherenglied hochkant aufstellen und mit der Hummerzange kräftig „anknacken" (als Ersatz geht auch der Rücken von einem richtig großen Kochmesser). Dann noch das untere Stück entfernen und das Fleisch möglichst im Ganzen aus dem Scherenpanzer ziehen.

… Käse?

1• Die Reihenfolge verläuft auf dem Käseteller immer im Uhrzeigersinn von mild bis würzig. Den Anfang machen Frisch- und junge Schnittkäse, das Ende bilden dann kräftige Rohmilch-, Blauschimmel- und Ziegen- oder Rotschmierkäse. 2• Die Käse mit Messer und Gabel essen. 3• Wer die Rinde nicht mag, schneidet sie dünn mit dem Messer ab.

… Apfel & Birne?

1• Sie werden stilecht mit Dessertgabel und -messer serviert. 2• Frucht auf Gabel spießen, mit Messer schälen, von Kernen befreien und in Spalten schneiden.

… Brot & Butter?

1• Der Brotteller steht immer links oberhalb des Esstellers, mit einem kleinen Buttermesser dazu. 2• Darauf kommen ein Stück Brot oder Brötchen und die Butter. 3• Nun wird mit der linken Hand ein kleines Brotstück abgebrochen, mit dem Messer in der rechten mit Butter bestrichen und gegessen. Anschließend kommt das nächste Stück an die Reihe.

Und: Wein probieren

1• Glas zwei Fingerhoch mit Wein füllen, schnuppern, schwenken, schnuppern. 2• Schluck eins im Mund wirken und zwei auf der Zunge zergehen lassen. Auffüllen.

Rezepte

Petit bistro

Ab sofort, liebe Tiefkühlkostmacher, Mikrowellenbrater und Tankstellenbetreiber, darf nur noch der „bistro" zu seinem Essen sagen, der oder die ein „patron" ist. Also ein Gastgeber mit Esprit, der sich darauf versteht, recht schnell etwas sehr Gutes zu servieren. Was ein rasch gemachter Salade lyonnaise, ein flink servierter Baeckaoffe oder ein hurtig aus der Küche geholtes Rillettes mit grünem Pfeffer sein kann. Plus einem fix eingeschenkten Glas Wein, Bier oder Wasser. Hauptsache schnell – denn dafür steht „bistro".

Profis Liebling

Bouquet garni

Ein mit einem Bindfaden zusammengehaltenes Sträußchen von aromatischen Kräuterzweigen, die so in typischen Bistro-Gerichten wie Cassoulet, Ragout oder auch einem Eintopf mitgekocht und dann wieder entfernt werden. Klassisch sind Petersilie, Thymian und Lorbeer, dazu können je nach Gericht noch Salbei oder Majoran (Schwein), Zitronenschale und kleine Wurzeln wie etwa Mini-Möhren (Rind, Lamm) oder Kerbel und Estragon (Fisch, Gemüse, Geflügel) kommen.

Parlez-vous cuisine?

à table	zu Tisch
addition	Rechnung
assiette	Teller
boisson	Getränk
bouteille	Flasche
brut	trocken, herb
couteau	Messer
cuiller	Löffel
déjeuner	Mittagessen
demi-sec	halbtrocken
doux	süß, mild
eau (gazeuse)	(Sprudel)Wasser
fourchette	Gabel
garçon	Ober
verre	Glas

Franck,
der Saucier

Aïoli

Sie ist Standard in der provenzalischen Küche und wird als Dip und Ergänzung serviert, oft aber auch als Hauptsache, zu der Fisch, Gemüse und Kartoffeln nur Beiwerk sind. Knoblauch, richtig frische Eier und bestes Olivenöl sind die wichtigsten Bestandteile dieser Mayonnaise, wobei das Olivenöl sehr mild sein oder durch neutrales Öl ergänzt werden sollte. Wichtig ist, dass alle Zutaten zimmerwarm sind, wenn man sie zusammenrührt, ansonsten gerinnt das Ganze.

Für 1/2 l Aïoli 12 Knoblauchzehen ohne grünen Keim schälen, fein würfeln und mit grobem Salz zerreiben. Dies mit 2 zimmerwarmen Eigelben (Größe M) und 1 TL Zitronensaft verrühren und für 15 Minuten beiseitestellen. Nun erst tropfenweise und dann in dünnem Strahl 1/4 l Olivenöl und 1/8 l neutrales Öl einlaufen lassen, während mit dem Schneebesen oder dem Handrührgerät kräftig geschlagen wird. Am Ende sollte der Dip goldgelb und geschmeidig sein. Wird er auf dem Weg dorthin zu dick, hilft 1 TL warmes Wasser.

Chef de partie

Le patron

Wer lehnt am Morgen schick in der Bistro-Tür, wenn der Straßenkehrer die Reste der Nacht beseitigt? Le patron. Wer hält einen Plausch mit dem Zeitschriftenhändler, bevor er in sein Lokal abdreht? Le patron. Wer zieht im Vorbeigehen mit Effet die weißen Tischdecken glatt? Le patron. Wer geht auf einen „café", um die Baguettes für den Mittag zu holen? Le patron. Wer grüßt den Stammgast, poliert im Krimi immer die Gläser hinter der Theke, ruft „bouillabaisse!" und „cassoulet!" in die Küche? Le patron, le patron, le patron. Wer steht in der Küche? La patronesse. Und wer ist der Chef?

Les petites nations Paris

Für Feinschmecker ist „Paris" nichts anderes als die Abkürzung für „Paradies". Bis heute gilt die Hauptstadt Frankreichs als Weltmetropole des guten Essens, auch wenn London die populäreren Köche, Tokio mehr Michelin-Sterne und Dubai die spektakuläreren Restaurants hat. Paris kann nun mal auch ohne den Rest der Welt auf höchstem Niveau kochen, der Rest der Welt kann das ohne Paris nicht. Die Stadt liegt nämlich mitten im strengsten Qualitätszentrum der Erde, das Frankreich heißt, und dessen Mitarbeiter Franzosen genannt werden. Die produzieren nicht nur erstklassige Lebensmittel und pflegen eine authentische Regionalküche, sie sind auch zugleich ihre eigenen größten Fans und Kritiker. Und wer das alles auf einen Schlag erleben will, muss nur nach Paris kommen und seine Märkte, Läden, Restaurants und Emigrantenviertel besuchen. Besser geht's wirklich nicht.

Quiche lorraine

Mit Walnuss-Kick

Zutaten für 4–6 Personen:
Für den Teig:
100 g kalte Butter | 1 Eigelb (Größe M)
1 EL frisch geriebener Gruyère
200 g Mehl | 1/2 TL Salz
Für den Belag:
200 g nicht zu fetter, durchwachsener
Räucherspeck | 4 Eier (Größe M)
200 g Crème fraîche oder saure Sahne
Salz | Pfeffer
frisch geriebene Muskatnuss
1 Handvoll Walnusskerne

Zubereitungszeit: 35 Minuten
+ 1 Stunde Kühlen
+ 40 Minuten Backen
Kalorien pro Portion (bei 6 Personen):
515 kcal

1_Für den Teig die Butter klein würfeln
und mit den übrigen Zutaten auf einem
Backbrett mit dem Messer kreuz und quer
durchhacken. Dann mit den Händen zu
einem glatten Teig verkneten, dabei etwa
2 EL eiskaltes Wasser zugeben. Einfach so
viel, bis der Teig weich und geschmeidig
ist, aber nicht zu sehr an den Fingern klebt.

2_Teig zur Kugel formen, zwischen zwei
Stücke Klarsichtfolie legen und mit dem
Teigroller dünn ausrollen. Das Teigstück
dabei immer wieder drehen, damit es
rund und gleichmäßig dünn wird. Eine
Tarteform (etwa 30 cm Ø) mit dem Teig
auskleiden, dabei einen etwa 2 cm hohen
Rand formen. Teig in der Form für etwa
1 Stunde in den Kühlschrank stellen.

3_Dann für den Belag vom Speck die
Schwarte abschneiden. Speck in dünne
Streifen oder kleine Würfel schneiden,
alle Knorpel dabei wegschneiden. Speck
in einer Pfanne bei mittlerer Hitze unter
Rühren erst glasig und dann leicht braun
werden lassen. Mit dem Schaumlöffel aus
der Pfanne heben und abkühlen lassen.

4_Den Backofen auf 180 Grad vorheizen
(erst später einschalten: 160 Grad Umluft).
Eier und Crème fraîche oder saure Sahne
mit Salz, Pfeffer und Muskat verquirlen.
Walnusskerne in Stücke brechen.

5_Speck auf dem Quicheteig verteilen, die
Walnüsse daraufstreuen und den Eierguss
darüberlaufen lassen. Die Quiche im Ofen
(Mitte) etwa 40 Minuten backen, bis sie
schön gebräunt ist.

VARIANTE: Gemüsequiche

Den Teig wie im Rezept links kneten, ausrollen und in der Form kühl stellen. 1 Bund
Frühlingszwiebeln waschen, putzen und
in 3 cm lange Stücke schneiden. 4 zarte
Möhren schälen, längs vierteln und quer
halbieren. 250 g Brokkoliröschen waschen.
Gemüse in Salzwasser 2 Minuten sprudelnd kochen lassen, abschrecken, abtropfen lassen und auf dem Teig verteilen.
Für den Guss 4 Eier (Größe M) mit 100 g
frisch geriebenem Gruyère und 200 g
Sahne verrühren, mit Salz, Pfeffer und
frisch geriebener Muskatnuss würzen und
auf das Gemüse gießen. Wie links backen.

VARIANTE: Spinat-Lachs-Quiche

Teig wie im Rezept links kneten, ausrollen
und in der Form kühl stellen. 2 Schalotten
schälen, in Streifen schneiden und in 1 EL
Butter andünsten. 500 g Spinat waschen,
putzen, in 1–2 Minuten in kochendem Salzwasser zusammenfallen lassen und abschrecken, abtropfen lassen. 250 g Lachs
1 cm groß würfeln, mit 1 EL Zitronensaft
mischen. Schalotten, Spinat und Lachs
mischen, mit Salz, Pfeffer und geschrote-
tem Chili würzen, auf dem Teig verteilen.
3 Eier (Größe M) mit 300 g Crème fraîche
verrühren, daraufgeben. Wie links backen.

Flammkuchen

Super zum Wein

Zutaten für 2–4 Personen:
Für den Teig:
10 g frische Hefe
250 g Mehl | 1/4 TL Zucker
1 kräftige Prise Salz
Für den Belag:
2 Zwiebeln
100 g durchwachsener Räucherspeck
200 g Crème fraîche
1 EL Öl | 1 TL Mehl
Salz | Pfeffer

Zubereitungszeit: 35 Minuten
+ 2 Stunden Ruhen
+ 15–18 Minuten Backen
Kalorien pro Portion (bei 4 Personen):
570 kcal

1_Für den Teig die Hefe zerkrümeln und in einer großen Schüssel mit 175 ml lauwarmem Wasser verrühren. 1 TL Mehl und den Zucker dazugeben und das Ganze gut 1 Stunde zugedeckt stehen lassen.

2_Dann übriges Mehl und Salz zum Hefewasser schütten und alles zu einem glatten Teig verkneten. 1 Stunde gehen lassen.

3_Für den Belag die Zwiebeln schälen und fein würfeln. Den Speck von der Schwarte befreien und klein würfeln oder in feine Streifen schneiden, dabei alle Knorpel wegschneiden. Crème fraîche mit Öl und Mehl glatt verquirlen, Zwiebeln und Speck untermischen, salzen und pfeffern.

4_Den Backofen auf 230 Grad vorheizen (auch schon jetzt einschalten: 210 Grad Umluft). Ein Stück Backpapier in der Größe des Backblechs zuschneiden. Teig noch einmal durchkneten, gleich auf dem Backpapier dünn ausrollen und aufs Blech legen. Die Zwiebel-Speck-Masse darauf verstreichen. Den Flammkuchen im Ofen (Mitte) 15–18 Minuten backen, bis er knusprig ist. In Stücke schneiden und sofort essen.

VARIANTE: Apfel-Zwiebel-Flammkuchen

Den Teig wie beschrieben zubereiten. Für den Belag 2 kleine Äpfel vierteln, schälen und entkernen. Äpfel in Stifte schneiden. 1 Bund Frühlingszwiebeln waschen und putzen, in Ringe schneiden. 200 g Crème fraîche mit 1 EL Öl und 1 TL Mehl glatt verquirlen, Äpfel und Zwiebeln untermischen. Den Teig ausrollen, mit der Crème-fraîche-Mischung bestreichen und wie beschrieben backen. Besonders gut schmeckt die Variante so: Nach dem Backen mit feinen Scheiben roh geräuchertem Schinken belegen und dann in Stücke schneiden.

VARIANTE: Ziegenkäse-Spinat-Flammkuchen

Den Teig wie beschrieben zubereiten. Für den Belag 400 g Blattspinat verlesen und die Stiele abknipsen. Spinat gründlich waschen und in kochendem Salzwasser in 1–2 Minuten zusammenfallen lassen, abschrecken, abtropfen lassen und leicht ausdrücken. 150 g Crème fraîche mit 1 EL Öl und 1 TL Mehl glatt verquirlen, salzen, pfeffern. 100 g Kirschtomaten waschen, halbieren oder vierteln und untermischen. Den Teig ausrollen, mit der Crème-fraîche-Mischung bestreichen und mit dem Spinat und 150 g Ziegenkäse (Frischkäse oder mittelfester Käse wie Crottin) in Stückchen belegen. Wie beschrieben backen.

TIPP

Wer richtig Kohldampf hat, schafft einen halben Flammkuchen. Soll der flache Fladen aber nur ein Imbiss sein oder was Feines gegen den ersten Hunger, kann man 4 oder sogar 6 Leute damit angenehm glücklich machen.

Gemüse-Speck-Brioches

Überraschung für echte Kugelgebäck-Fans

Zutaten für 12 Stück:
150 ml Milch
1/2 Würfel frische Hefe (etwa 20 g)
500 g Mehl │ Salz
3 Eier (Größe M)
150 g kalte Butter
50 g durchwachsener Räucherspeck
1 Zwiebel oder 2 Schalotten
1 Zweig Rosmarin
1 kleiner Zucchino
1/2 rote Paprikaschote
Pfeffer
Butter fürs Muffinblech

Zubereitungszeit: 1 1/4 Stunden
+ 1 Stunde und über Nacht Ruhen
+ 25 Minuten Backen
Kalorien pro Stück: 300 kcal

1_Die Milch lauwarm erhitzen. Hefe zerkrümeln und in der Milch auflösen. Mehl mit 1 TL Salz in einer Schüssel mischen. Eier und Hefemilch dazugeben und alles zu einem glatten Teig verkneten. Mit einem Tuch zudecken und etwa 1 Stunde an einem warmen Ort gehen lassen.

2_Danach die Butter klein würfeln und so lange unter den Teig arbeiten, bis nur noch ganz kleine Butterstückchen zu sehen sind. Teig abgedeckt über Nacht im Kühlschrank gehen lassen.

3_Am nächsten Tag vom Räucherspeck die Schwarte abschneiden. Speck in sehr kleine Würfel schneiden, Knorpel dabei wegschneiden. Zwiebel oder Schalotten schälen und fein hacken. Den Rosmarin waschen und trockenschütteln, Blätter abzupfen und hacken. Zucchino waschen und die Enden abschneiden, Paprika waschen und die Kerne entfernen. Den Zucchino und die Paprika fein würfeln.

4_Den Speck in einer kleinen Pfanne bei mittlerer Hitze unter Rühren warm werden lassen, bis er glasig aussieht. Zwiebel oder Schalotten, Rosmarin und Gemüse unterrühren und 2–3 Minuten weitergaren. Salzen, pfeffern und abkühlen lassen.

5_Die Speckmischung zum Teig in die Schüssel füllen und alles zusammen noch einmal durchkneten. Jetzt wird geformt und das geht am besten mit bemehlten Händen. Teig in 12 Portionen teilen. Von jeder Portion ein kleines Stück (rund ein Fünftel) abnehmen und zu einer kleinen Kugel rollen. Aus den restlichen Portionen große Kugeln formen. Ein Muffinblech mit 12 Vertiefungen gut einfetten. In jede Mulde 1 große Kugel legen und 1 kleine daraufsetzen und leicht andrücken. Ein Tuch darüberlegen und die Kugeln etwa 15 Minuten gehen lassen.

6_Den Backofen auf 200 Grad vorheizen (auch schon jetzt einschalten: 180 Grad Umluft). Die Brioches im Ofen (Mitte) etwa 25 Minuten backen, bis sie schön aufgegangen und goldbraun sind. Aus dem Blech lösen und abkühlen lassen.

VARIANTE: Süße Brioches

Speck, Gemüse & Co. weglassen. In den Teig kommen nur 1 Prise Salz und zusätzlich 3 EL (Vanille-)Zucker. Ansonsten alles machen wie beschrieben.

Salzige Tatin

Mit Knusperdeckel und saftigem Innenleben

Zutaten für 4 Personen:
Für den Teig:
250 g Mehl │ 1 TL Salz
100 ml Olivenöl + 2 EL mehr für die Form
1 Ei (Größe M)
1 Eiweiß (Größe M)
Für den Belag:
200 g vorwiegend festkochende Kartoffeln
1 großer Endiviensalat (etwa 700 g)
Salz
25 g in Öl eingelegte Sardellenfilets (kann man auch weglassen)
8 Zweige Thymian
1 EL entsteinte grüne Oliven │ Pfeffer
4 EL frisch geriebener Comté oder Gruyère

Zubereitungszeit: 35 Minuten
+ 1 Stunde Ruhen
+ 25 Minuten Backen
Kalorien pro Portion: 355 kcal

1_Für den Teig Mehl und Salz mischen. Öl, Ei und Eiweiß dazugeben, alles zu einem glatten Teig verkneten. Zur Kugel formen, in ein Küchentuch einschlagen und bei Zimmertemperatur 1 Stunde ruhen lassen.

2_Für den Belag die Kartoffeln in Wasser in 15–25 Minuten fast weich kochen (zum Test mit einem Messer reinstechen), dann ausdampfen und leicht abkühlen lassen. Vom Endiviensalat alle welken Blätter abzupfen. Übrige Blätter auseinanderlösen, waschen und in kochendem Salzwasser in etwa 2 Minuten zusammenfallen lassen. Im Sieb abschrecken und abtropfen lassen.

3_Den Backofen auf 220 Grad vorheizen (erst später einschalten: 200 Grad Umluft). Endivienblätter grob hacken. Kartoffeln schälen und in dünne Scheiben schneiden. Sardellenfilets abtropfen lassen und fein würfeln. Den Thymian waschen, trockenschütteln und die Blättchen abzupfen. Oliven grob hacken. Alle diese Zutaten mischen und mit Salz und Pfeffer würzen.

4_Eine Tarteform (30 cm Ø) mit Öl einstreichen. Endivienmischung darauf verteilen, Käse aufstreuen. Teig zwischen zwei Lagen Klarsichtfolie etwa in Größe der Form ausrollen. Obere Folie abziehen, Teig auf die Endivienmischung stürzen. Übrige Folie abziehen, Teig an den Rand drücken. Tarte etwa 25 Minuten im Ofen (Mitte) backen. Teigkruste vom Formrand abschneiden, die Tarte stürzen, in Stücke schneiden und heiß oder lauwarm essen.

Pochierte Eier in Rotwein- sauce

Würziges zum Sattessen

Zutaten für 4 Personen:
3 Schalotten
150 g durchwachsener Räucherspeck
100 g Champignons
60 g Butter | 3 TL Mehl
3/8 l trockener Rotwein
3/8 l Hühner- oder Fleischbrühe
4 Zweige Thymian
1 Lorbeerblatt | Salz | Pfeffer
8 Scheiben Toastbrot
1/8 l Rot- oder Weißweinessig
8 sehr frische Eier (Größe M)
1/2 TL Zucker

Zubereitungszeit: 30 Minuten
Kalorien pro Portion: 680 kcal

1_Schalotten schälen und fein würfeln. Vom Speck die Schwarte abschneiden. Speck in kleine Würfel schneiden, dabei alle Knorpel wegschneiden. Champignons mit einem feuchten Küchenpapier sauber abreiben, Stielenden abschneiden. Die Pilze auch ganz klein würfeln.

2_In einem Topf 1 EL Butter schmelzen. Pilze, Schalotten und Speck bei mittlerer Hitze darin andünsten. Das Mehl darüberstreuen, unter Rühren goldgelb bräunen. Kräftig weiterrühren und den Wein und die Brühe in den Topf gießen. Thymian waschen, trockenschütteln und mit dem Lorbeerblatt einlegen. Die Sauce offen 12–15 Minuten köcheln lassen, bis sie schön sämig ist, ab und zu umrühren.

3_In der Zeit die übrige Butter in einer großen Pfanne aufschäumen lassen. Die Toasts darin auf beiden Seiten goldbraun braten und in vier tiefe Teller legen.

4_In einem weiten Topf 1 1/2 l Wasser mit Essig und Salz zum Kochen bringen, Hitze auf schwache Stufe stellen. Eier nach und nach in eine Suppenkelle aufschlagen und ins Essigwasser rutschen lassen. (Wer jetzt schnell und geschickt ist, löffelt das Eiweiß rund ums Eigelb in Form. Aber ungestylt geht's auch.) Eier im Wasser knapp 4 Minuten leise sprudelnd ziehen lassen. Mit einem Schaumlöffel herausheben, auf den Toasts verteilen.

5_Sauce mit Salz, Pfeffer und dem Zucker abschmecken und über die Eier und die Brotscheiben gießen. Sofort essen.

Croque monsieur

Klein und fein

Zutaten für 4 Personen:
8 Scheiben Toastbrot | 60 g Butter
4 Scheiben roher oder gekochter Schinken (so groß wie die Toastscheiben)
4 Scheiben Comté oder Cantal (so groß wie die Toastscheiben)
1 EL Öl

Zubereitungszeit: 15 Minuten
Kalorien pro Portion: 355 kcal

1_Alle Toastscheiben auf einer Seite mit etwas Butter bestreichen. Die Hälfte auf der bestrichenen Seite mit 1 Schinken- und 1 Käsescheibe belegen. Die übrigen Toasts mit der Butterseite nach unten darauflegen und ein bisschen andrücken.

2_In einer großen Pfanne die restliche Butter mit dem Öl heiß werden lassen. Die Hitze auf mittlere Stufe schalten. Die zusammengeklappten Brote in die Pfanne legen und 1 1/2 Minuten braten, dann umdrehen und noch mal so lange braten, bis sie rundum schön braun sind. Dabei zwischendurch mit einem Spatel darauf-

drücken, damit die Toastscheiben durch den schmelzenden Käse gut zusammenhalten. Auf Teller legen und gleich essen.

VARIANTE: Sardellen-Paprika-Toasts

Toastscheiben wie beschrieben mit Butter bestreichen. 8 in Öl eingelegte Sardellenfilets fein hacken, auf die Hälfte der Toasts streichen. 100 g gehäutete Paprikaschoten (aus dem Glas) würfeln und daraufgeben. Mit je 1 dicken Scheibe Käse (Comté oder Cantal) belegen, mit den übrigen Toasts abdecken. Wie beschrieben braten.

TIPPs

Extra Aroma bekommen die Croques, wenn man sie nicht nur mit Butter, sondern zusätzlich mit Senf bestreicht. Wir fanden diese Variante auch ziemlich gut: Das Grün von 2 Frühlingszwiebeln in feine Ringe schneiden und vorm Belegen auf die Butter streuen.

Aus dem Croque monsieur wird übrigens eine Croque madame, wenn man jeden gebratenen Toast auf dem Teller noch mit 1 Spiegelei garniert.

Und wer möchte, wendet die Toasts vor dem Braten in einer Mischung aus 1–2 EL Sahne und 1 Ei (Größe M).

Kleine Käsesoufflés

Leicht, luftig und wunderbar pikant

Zutaten für 4 Personen:
50 g Butter + etwas mehr für die Form
3 EL Mehl (30 g)
1/4 l Milch
150 g Cantal, Comté oder Gruyère
Salz | Pfeffer
frisch geriebene Muskatnuss
5 Eier (Größe M)

Zubereitungszeit: 25 Minuten
+ 25 Minuten Backen
Kalorien pro Portion: 445 kcal

1_Zuerst eine Sauce béchamel kochen: Die Butter bei mittlerer Hitze im Topf zerlaufen, aber nicht braun werden lassen. Mehl auf einmal hineinschütten und mit dem Kochlöffel umrühren und rösten, bis es goldgelb ist. Auf den Schneebesen umsteigen und nach und nach die Milch einfließen lassen und dabei alles immer kräftig durchschlagen. Die Sauce offen bei geringer Hitze etwa 10 Minuten köcheln lassen, dabei immer wieder durchrühren.

2_Den Backofen auf 220 Grad vorheizen (auch schon jetzt einschalten: 200 Grad Umluft). Vier Souffléförmchen (je etwa 400 ml Inhalt) mit Butter ausstreichen.

3_Vom Käse die Rinde abschneiden. Käse fein reiben und unter die Béchamel rühren. Sauce lauwarm abkühlen lassen, mit Salz, Pfeffer und Muskat kräftig würzen.

4_Die Eier trennen. Die Eiweiße mit 1 Prise Salz gut steif schlagen. Die Eigelbe nacheinander unter die Käsesauce rühren. Den Eischnee rasch, aber locker unterheben. Soufflémasse auf die Förmchen verteilen. Soufflés im Ofen (unten) etwa 25 Minuten backen. Dabei die Backofentür in den ersten 20 Minuten nicht aufmachen! Die Soufflés schmecken am besten, wenn man sie direkt aus den Förmchen löffelt und dazu einen Salat und Baguette isst.

TIPP

Besonders würzige Käsesoufflés werden es, wenn man statt der Hartkäse Cantal, Comté oder Gruyère einmal den pikanten Edelpilzkäse Roquefort unter die Eiermasse rührt.

Marinierter Lauch mit Quark

Dass so etwas Einfaches so gut schmecken kann!

Zutaten für 4 Personen:
Für den Lauch:
4 Stangen Lauch (etwa 900 g)
Salz │ 4 EL Olivenöl
3 EL Weißweinessig
2 TL Dijon-Senf
Pfeffer
2 TL kleine Kapern
Für den Quark:
3 Schalotten │ 2 Knoblauchzehen
Salz │ Pfeffer
je 1 Handvoll zarte Petersilien-
und Kerbelblättchen
1 Stängel Estragon
1/4 Bund Schnittlauch
250 g Quark
150 g Crème fraîche oder Crème double
2 TL Olivenöl
2 TL Weißweinessig

Zubereitungszeit: 30 Minuten
+ 4 Stunden Marinieren
Kalorien pro Portion: 380 kcal

1_Vom Lauch die welken, dunkelgrünen Teile und die Wurzeln abschneiden. Lauch der Länge nach aufschneiden und gründlich waschen, auch zwischen den Blättern. Lauch in 6–8 cm lange Stücke schneiden.

2_In einem weiten Topf 1/4 l Wasser mit Salz zum Kochen bringen. Lauch einlegen, zudecken und bei mittlerer Hitze in etwa 10 Minuten bissfest garen. Den Lauch mit einem Schaumlöffel herausheben, im Sieb abschrecken und abtropfen lassen.

3_Kochsud bei starker Hitze auf etwa 2 EL einkochen lassen, dann mit Öl, Essig und Senf verrühren, salzen und pfeffern und die Kapern untermischen. Lauch auf eine Platte legen, mit der Marinade beschöpfen und mindestens 4 Stunden marinieren.

4_Für den Quark die Schalotten und den Knoblauch schälen und sehr fein hacken. Mit etwas Salz mischen und kurz stehen lassen. Kräuter waschen, trockenschütteln und fein hacken. Quark mit Crème fraîche oder Crème double, Öl und Essig mit dem Schneebesen glatt rühren. Die Schalottenmischung eventuell abtropfen lassen und mit den Kräutern unter den Quark mischen. Abschmecken und zum Lauch essen – mit ofenfrischem Baguette.

Brandade

Würzige Creme aus Stockfisch

Zutaten für 4 Personen:
500 g Stockfisch (getrockneter Kabeljau; im Fischgeschäft oder beim spanischen, portugiesischen oder italienischen Lebensmittelladen vorbestellen)
6 Zweige Thymian
2 frische Lorbeerblätter
1 Zwiebel │ 4 Knoblauchzehen
2 EL Sahne │ 300 ml Olivenöl
1 EL Zitronensaft
Pfeffer │ eventuell Salz

Zubereitungszeit: 30 Minuten
+ 1–2 Tage Einweichen
+ 10–15 Minuten Garen
Kalorien pro Portion: 1120 kcal

1_Den Stockfisch in eine Schüssel legen und ganz mit kaltem Wasser bedecken. 1–2 Tage darin einweichen, dabei das Wasser immer wieder austauschen.

2_Danach den Fisch abbrausen und mit frischem Wasser in einen Topf geben. Den Thymian und die Lorbeerblätter waschen. Die Zwiebel waschen und samt der Schale halbieren. 2 Knoblauchzehen schälen und

halbieren. Beides mit Thymian und Lorbeer zum Fisch geben. Zum Kochen bringen, dann die Hitze auf kleine Stufe schalten, Deckel auflegen und den Fisch 10–15 Minuten im Sud ziehen lassen.

3_Den Fisch mit einem Schaumlöffel aus dem Sud heben und kurz abschrecken. Die Haut vom Fischfleisch abziehen, das Fleisch mit den Fingern von den Gräten streifen. Sahne erwärmen.

4_Fisch und Öl in der Küchenmaschine durchmixen, bis eine mittelfeste Paste entstanden ist. Restlichen Knoblauch schälen und durchpressen, mit der Sahne unter die Paste mischen. Mit Zitronensaft und Pfeffer abschmecken. Salz braucht's wahrscheinlich nicht, weil der Fisch trotz Einweichen und Kochen immer noch ausreichend davon hat. Aber trotzdem probieren und wenn's nötig ist, leicht salzen.

TIPP: Knusperbrot

Die Creme schmeckt am besten auf ganz dünnen, knusprigen Brotscheiben: auf dem Blech im Ofen bei 250 Grad (Mitte, 220 Grad Umluft) etwa 4 Minuten rösten. Auch fein: zu gebratenen, marinierten Gemüsen oder Ofengemüse essen.

Feine Pastetchen

Très chic!

Zutaten für 4 Personen:
2 Schalotten
250 g geschälte, rohe Garnelen
1/2 Bio-Zitrone | 1 Avocado
2 EL Butter | 2 EL Cognac
50 ml trockener Weißwein oder Fischfond (aus dem Glas)
50 g Crème fraîche
Salz | Pfeffer
4 Blätterteig-Pasteten (heißen auch König-Pastetchen, unbedingt beim guten Bäcker 1 Tag vorher bestellen!)

Zubereitungszeit: 30 Minuten
Kalorien pro Portion: 460 kcal

1_Den Backofen auf 180 Grad vorheizen (auch schon jetzt einschalten: 160 Grad Umluft). Die Schalotten schälen, halbieren und in feine Streifen schneiden. Garnelen abbrausen. Wenn am Rücken noch ein feiner, schwarzer Faden zu sehen ist, die Garnelen dort leicht einschneiden und den Darm herausziehen. Garnelen nochmals abbrausen und trockentupfen, die größeren in kleinere Stücke schneiden.

2_Die Zitronenhälfte heiß waschen und abtrocknen, die Schale fein abreiben, 2 TL Saft auspressen. Die Avocado rundherum bis zum Kern einschneiden. Die Hälften gegeneinanderdrehen und voneinander lösen. Kern mit der Messerspitze herausheben, Avocado schälen und klein würfeln. Mit Zitronenschale und -saft mischen.

3_Die Butter in einer Pfanne oder einem Topf zerlaufen lassen, die Schalotten einrühren und bei mittlerer Hitze andünsten. Die Garnelen dazugeben und mitbraten, bis sich das Garnelenfleisch rot färbt. Den Cognac darüberlöffeln, mit einem langen Streichholz anzünden. Abbrennen lassen, dann den Weißwein oder den Fischfond dazugeben. Crème fraîche unterrühren. Die Garnelen mit Salz und Pfeffer würzen und zugedeckt warm halten.

4_Die Pasteten auf dem Blech in den Ofen (Mitte) schieben und in 5 Minuten warm werden lassen. Die Avocado unter die Garnelen mischen und abschmecken. Die Pasteten auf Teller setzen, die Garnelenmischung einfüllen, die Pastetendeckel auflegen. Falls Füllung übrig ist, daneben löffeln. Und jetzt: Bon appétit!

Landterrine

Deftig Saftiges vom Schwein

Zutaten für 10–12 Personen:
800 g Schweineschulter
200 g Schweinebauch (ohne Schwarte)
2 Knoblauchzehen
je 2 Zweige Thymian und Rosmarin
5 frische Lorbeerblätter
je 1 TL Wacholderbeeren und schwarze Pfefferkörner
je 1/2 TL Fenchel- und Koriandersamen
4 EL Cognac oder Calvados
100 g entsteinte Trockenpflaumen
2 EL Pistazienkerne │ 1 Ei (Größe M)
1/8 l trockener Weißwein │ Salz
100 g fetter Speck (in dünnen Scheiben)

Zubereitungszeit: 45 Minuten
+ zweimal Ziehen über Nacht
+ 1 1/2 Stunden Backen
Kalorien pro Portion (bei 12 Personen):
215 kcal

1_Beide Fleischstücke klein würfeln. Knoblauch schälen und fein hacken. Kräuter waschen und trockenschütteln. Thymian- und Rosmarinblätter abzupfen, mit 2 Lorbeerblättern fein schneiden. Gewürze im Mörser grob zerdrücken. Alle diese Zutaten mit Cognac oder Calvados mischen, über Nacht im Kühlschrank ziehen lassen.

2_Am nächsten Tag die Fleischmischung in drei Portionen in der Küchenmaschine mittelgrob zerkleinern oder durch den Fleischwolf drehen. In einer Schüssel mit Pflaumen, Pistazien, Ei und Wein gründlich mischen und kräftig salzen.

3_Den Backofen auf 180 Grad vorheizen (erst später einschalten: 160 Grad Umluft). In eine Kastenform (30 cm Länge) übrige Lorbeerblätter legen. Die Form dann mit dem Speck auskleiden. Fleischmischung einfüllen und die Form mehrmals auf die Arbeitsfläche stoßen und so große Luftlöcher entfernen. Die Form mit Alufolie (glänzende Seite nach innen) abdecken.

4_Die Form in einen Bräter setzen und so viel kochend heißes Wasser in den Bräter füllen, dass die Form gut zur Hälfte darin steht. Im Ofen (unten) etwa 1 1/2 Stunden backen. Wenn beim Anstechen klarer Saft austritt, ist die Terrine fertig. Abkühlen lassen und vorm Anschneiden nochmal über Nacht durchziehen lassen. Danach stürzen, in Scheiben schneiden und mit knusprigem Brot essen.

Petersilien-schinken

Heißt „jambon persillé" und ist eigentlich eine Sülze

Zutaten für 10–12 Personen:
2 dicke Möhren │ 2 Stangen Lauch
2 Stangen Staudensellerie
2 Zwiebeln │ 2 große Bund Petersilie
(etwa 130 g) │ 1/4 Bund Thymian
2 Nelken │ 2 Lorbeerblätter
3/4 l trockener Weißwein (am besten Burgunder, z. B. Aligoté)
gut 1 kg rohe, gepökelte Schweineschulter (beim Metzger vorbestellen!)
2 Schweinefüße (vom Metzger spalten lassen) │ 4 EL Weißwein- oder Estragonessig │ Pfeffer │ Salz
4 Knoblauchzehen │ 4 Schalotten
1/2 EL Kerbel- oder Estragonblättchen

Zubereitungszeit: 40 Minuten
+ 3 1/4 Stunden Garen
+ 12–24 Stunden Kühlen
Kalorien pro Portion (bei 12 Personen):
140 kcal

1_ Möhren, Lauch, Sellerie und Zwiebeln schälen bzw. waschen, putzen und grob schneiden. Petersilie waschen, trocken-

schütteln, Blätter abzupfen und beiseitelegen. Die Stängel mit dem Gemüse in
einen großen Topf geben. Den Thymian
waschen, mit Nelken, Lorbeer, Wein und
1 3/4 l Wasser zugeben. Alles aufkochen.

2_Schweineschulter und -füße waschen,
mit in den Topf geben. Die Zutaten sollen
jetzt fast komplett mit Flüssigkeit bedeckt
sein, also eventuell noch etwas Wasser
nachgießen. Die Hitze zwischen schwach
und mittel einstellen, den Deckel halb auflegen. Das Fleisch 2 1/2 Stunden garen.

3_Die Schweineschulter herausnehmen
und abkühlen lassen. Brühe durch ein
Sieb gießen, Gemüse und Gewürze wegwerfen. Brühe wieder in den Topf gießen,
die Schweinefüße wieder einlegen und
die Flüssigkeit offen bei starker Hitze auf
etwa 3/4 l einkochen lassen. Das dauert
um die 45 Minuten. Diese konzentrierte
Brühe mit dem Essig, Pfeffer und Salz
abschmecken und abkühlen lassen.

4_Während des Abkühlens das Fleisch
(= gekochter Schinken) in etwa 1 cm große
Würfel schneiden. Den Knoblauch und die
Schalotten schälen und mit Petersilienblättchen sowie Kerbel- oder Estragonblättchen sehr fein hacken.

5_Eine Terrinenform (gut 1 1/2 l Inhalt)
lagenweise mit Petersilienmischung und
Schinken füllen, erkaltete Brühe langsam
darübergießen. Mindestens 12 Stunden,
besser 24 kühl stellen. Dann die Sülze mit
einem Messer vom Rand der Form lösen,
stürzen, in Scheiben teilen. Mit Baguette
und verschiedenen Senfsorten servieren.

Rillettes mit grünem Pfeffer

Was für den kurzfristigen Vorrat

Zutaten für 3 Gläser (je 200 ml Inhalt):
150 g frischer (grüner) Bauchspeck
100 g durchwachsener Räucherspeck
500 g nicht zu fette Schweineschulter
1 große Zwiebel | 2 Stängel Estragon
1 Stängel Salbei | 4 Stängel Petersilie
1 Lorbeerblatt
1/4 l trockener Weißwein
1 EL frische grüne Pfefferkörner | Salz

Zubereitungszeit: 30 Minuten
+ 3 1/2 Stunden Garen
Kalorien pro Glas: 610 kcal

1_Den frischen Speck klein würfeln. Vom
Räucherspeck die Schwarte abschneiden,
Speck ebenfalls würfeln. Speckwürfel in
einem Topf offen bei schwacher Hitze
erwärmen, bis das Fett flüssig wird. Das
dauert um die 30 Minuten.

2_Inzwischen die Schweineschulter in
kleine Würfel schneiden. Die Zwiebel
schälen, vierteln und in feine Streifen
schneiden. Kräuter waschen, trockenschütteln und die Blättchen von den
Stängeln zupfen. Alle diese Zutaten mit
Lorbeerblatt und Wein unter das Speckfett mischen und bei schwacher Hitze
zugedeckt weitere 3 Stunden garen, bis
das Fleisch fast zerfällt. Dabei ab und zu
durchrühren und zum Schluss das Fleisch
mit dem Kochlöffel leicht zerdrücken.

3_Pfeffer grob hacken und untermischen.
Rillettes mit Salz abschmecken und in die
Gläser (am besten Twist-off-Gläser) füllen.
Gut verschließen, abkühlen lassen und im
Kühlschrank aufbewahren. Dieses einge-
machte Schweinefleisch hält sich dort
mindestens 2 Wochen. Und es schmeckt
am besten mit rustikalem Weißbrot.

Petite marmite

Suppentopf zum Schwelgen

Zutaten für 4 Personen:
500 g Rinderschulter oder -hüfte
2 l Fleischbrühe
1 Zwiebel
2 Nelken
2 Lorbeerblätter
1 Stück Bio-Zitronenschale (etwa 3 cm)
4 Hähnchenkeulen
800–1000 g gemischtes Gemüse
(z. B. Möhren, Lauch, Rübchen, grüne
Bohnen, Radieschen, junger Kohl)
1 Handvoll Kerbel
1/2 Bund Petersilie
Salz
Pfeffer

Zubereitungszeit: 30 Minuten
+ 1 1/2 Stunden Garen
Kalorien pro Portion: 495 kcal

1_Das Rindfleisch nur von größeren Fettstücken befreien und die Sehnen entfernen. Das Fleisch in 3–4 cm große Stücke schneiden. Die Brühe in einem großen Suppentopf erhitzen. Zwiebel schälen, die Nelken hineinstecken.

2_Gespickte Zwiebel und Lorbeerblätter mit der Zitronenschale und dem Fleisch in die Brühe geben. Deckel halb auflegen (Kochlöffel dazwischen klemmen) und das Fleisch bei mittlerer bis schwacher Hitze (die Brühe soll nur leise blubbern, nicht sprudeln) etwa 1 Stunde garen.

3_Hähnchenkeulen in die Brühe legen und alles weitere 15 Minuten garen.

4_Das Gemüse waschen oder schälen und putzen. Möhren in dünne Scheiben, Lauch in dünne Ringe, die Rübchen, Bohnen und Radieschen in nicht zu große Stücke und den Kohl in dickere Streifen schneiden. Zum Fleisch in den Topf füllen und alles noch einmal etwa 15 Minuten garen, bis das Rindfleisch weich und das Hühnerfleisch durch ist (Keulen anstechen: Der austretende Saft muss klar sein).

5_Den Kerbel und die Petersilie waschen und trockenschütteln, dicke Stängel entfernen, Kräuter fein hacken und unter den Suppentopf mischen. Mit Salz und Pfeffer abschmecken und servieren. Dazu gibt es geröstete Brotscheiben und am besten noch etwas Fruchtiges wie eine Feigen-Senf-Sauce oder auch ein Zitronen-Confit (beides aus dem Glas).

TIPP
Normalerweise kommt ein ganzes Huhn und ein größeres Stück Fleisch in diesen Suppentopf. Und dazu noch einige Rindermarkknochen. Das reicht dann aber gut für 6 oder sogar 8 Leute. Für 4 Portionen sind die Stücke in diesem Rezept gerade recht. Zusatznutzen: Man muss vor dem Essen nicht noch das Huhn zerlegen und das Fleisch schneiden.

Zwiebelsuppe

Eine echte Pariserin

Zutaten für 4 Personen:
600 g Zwiebeln │ 40 g Butter
1 Prise Zucker │ 1 EL Mehl
2 EL Cognac (kann man auch weglassen)
3/4 l Fleischbrühe (klassisch ist die vom Rind) │ 1/4 l trockener Weißwein
Salz │ Pfeffer │ 1 Prise Cayennepfeffer
8–12 Scheiben Baguette (kommt darauf an, welchen Durchmesser sie haben)
80 g frisch geriebener Gruyère

Zubereitungszeit: 45 Minuten
Kalorien pro Portion: 485 kcal

1_Die Zwiebeln schälen und in dünne Ringe schneiden. Die Butter im Suppentopf zerlaufen lassen. Zwiebeln einrühren, mit Zucker bestreuen und bei schwacher bis mittlerer Hitze unter Rühren etwa 10 Minuten andünsten. Sie sollen dabei nur goldgelb, nicht braun werden.

2_Mehl darüberstäuben und goldgelb werden lassen. Wer mag, gießt jetzt den Cognac dazu und lässt ihn verdampfen. Brühe und Wein zugießen und aufkochen. Deckel auflegen und alles bei schwacher Hitze etwa 20 Minuten köcheln lassen, bis die Zwiebeln sehr weich sind.

3_Den Backofen auf 250 Grad vorheizen (auch schon jetzt einschalten: 220 Grad Umluft). Die Hälfte der Zwiebeln mit dem Schöpfer aus dem Topf fischen, übrige Zwiebeln in der Brühe mit dem Pürierstab grob durchpürieren. Die herausgefischten Zwiebeln wieder untermischen und die Suppe mit Salz, Pfeffer und Cayennepfeffer abschmecken.

4_Die Suppe in ofenfeste Suppenteller oder -tassen füllen. Brotscheiben mit dem Käse bestreuen, auf die Suppe legen. Im Ofen (Mitte) etwa 7 Minuten gratinieren, bis der Käse geschmolzen und braun ist.

Bohnensuppe mit frischem Sauerampfer

Mit zweierlei Bohnen

Zutaten für 4 Personen:
200 g getrocknete weiße Bohnen
1 Bund Suppengrün
1 Zwiebel
2 Knoblauchzehen
1 EL Butter
1 1/2 l Gemüse- oder Fleischbrühe
250 g grüne Bohnen
Salz
150 g Sauerampferblätter
100 g Sahne oder Crème fraîche
Pfeffer

Zubereitungszeit: 30 Minuten
+ Einweichen über Nacht
+ 1 1/2–2 Stunden Garen
Kalorien pro Portion: 315 kcal

1_Die weißen Bohnen in einer Schüssel mit Wasser bedecken und über Nacht einweichen. Am nächsten Tag abgießen. Das Suppengrün waschen oder schälen und putzen, fein würfeln. Die Zwiebel und den Knoblauch schälen und fein hacken.

2_Butter im Suppentopf zerlaufen lassen. Zwiebel, Knoblauch und Suppengrün einrühren und kurz andünsten. Die Brühe dazugießen und erhitzen. Weiße Bohnen untermischen, Deckel auflegen und alles bei schwacher Hitze 1 1/2–2 Stunden garen, bis die Bohnen gut weich sind.

3_Die grünen Bohnen waschen und die Enden abschneiden. Wenn sich dabei Fäden lösen, gleich abziehen. Bohnen in etwa 2 cm lange Stücke schneiden und in kochendem Salzwasser etwa 8 Minuten sprudelnd kochen lassen, bis sie bissfest sind. Abschrecken und abtropfen lassen.

4_Den Sauerampfer waschen, trockenschleudern und fein hacken. Die Suppe mit dem Pürierstab im Topf fein pürieren. Den Sauerampfer mit den grünen Bohnen untermischen und nur so lange erhitzen, bis die Kräuter zusammenfallen. Sahne oder Crème fraîche unterrühren, Suppe mit Salz und Pfeffer abschmecken.

TIPP

Sauerampfer gibt's beim Kräuterstand auf dem Obst- und Gemüsemarkt zu kaufen. Wer ihn nicht bekommt, nimmt Mangold oder Spinat plus 1 Spritzer Zitronensaft.

Buchweizen-crêpes mit Gemüse

Pikante Variante

Zutaten für 4 Personen:
Für den Teig:
1 1/2 EL Butter
200 g Buchweizenmehl (gibt's im Reformhaus oder Bio-Laden)
50 g Weizen- oder Dinkelmehl (hell oder dunkel)
1 TL Salz
2 Eier (Größe L)
450 ml Milch
etwa 2 EL Butterschmalz zum Backen
Für die Füllung:
600 g Spinat
Salz
400 g Champignons oder Egerlinge
2 EL Zitronensaft
2 Schalotten
2 Knoblauchzehen
4 Zweige Thymian
1 EL Butter
1 EL Olivenöl
Pfeffer
200 g Ziegen(frisch)käse

Zubereitungszeit: 1 1/4 Stunden
Kalorien pro Portion: 680 kcal

1_Für den Teig erst einmal die Butter in einem kleinen Topf bei schwacher Hitze flüssig, aber nicht braun werden lassen. Vom Herd ziehen.

2_Die beiden Mehlsorten mit dem Salz in einer Schüssel mischen. Abwechselnd und nach und nach die Eier, die Milch und die Butter mit dem Schneebesen kräftig unter das Mehl rühren. Der Teig soll ziemlich flüssig – wie ein Pfannkuchenteig – sein. Den Teig etwa 30 Minuten stehen und quellen lassen.

3_Inzwischen schon mal etwas für die Füllung tun: Den Spinat verlesen, also alle welken Blätter aussortieren und die dicken Stiele abknipsen. Den Spinat im Waschbecken in kaltem Wasser gründlich waschen – so lange, bis im Wasser kein Sand oder keine Erde mehr zu sehen sind. Im Sieb abtropfen lassen. In einem großen Topf Salzwasser zum Kochen bringen. Den Spinat hineingeben, Deckel auflegen und die Blätter bei starker Hitze 1–2 Minuten kochen lassen, bis sie zusammenfallen. In das Sieb abgießen, abschrecken und abtropfen lassen. Dann Spinat grob hacken.

4_Die Pilze mit feuchtem Küchenpapier sauber abreiben und die Stielenden abschneiden. Die Pilze in dünne Scheiben schneiden und mit Zitronensaft mischen. Schalotten und Knoblauch schälen und klein würfeln. Den Thymian waschen und trockenschütteln, die Blättchen von den Zweigen streifen.

5_Den Backofen auf 50 Grad (Ober- und Unterhitze) schalten, einen großen Teller hineinstellen. Teig noch einmal durchrühren. Eine große Pfanne auf dem Herd bei mittlerer Hitze heiß werden lassen.

6_In der Pfanne 1 TL Butterschmalz zerlassen. Pfanne hochheben und 1 Schöpfer Teig hineinlaufen lassen. Den Teig durch Drehen der Pfanne dünn auf dem ganzen Pfannenboden verteilen. Den Crêpe etwa 1 Minute backen, dann wenden und noch mal so lange backen. Insgesamt werden es 12 Crêpes. Und die frisch gebackenen kommen immer gleich auf den Teller in dem Backofen.

7_Wer viel Übung im Kochen hat, kann nach ungefähr 8 Pfannkuchen nebenher mit der Füllung anfangen. Alle anderen machen erst alle Pfannkuchen und dann die Füllung: In jedem Fall Butter und Öl in einer Pfanne erhitzen. Pilze einrühren und bei mittlerer Hitze etwa 5 Minuten dünsten. Schalotten, Knoblauch und den Thymian dazugeben, noch 1–2 Minuten weiterrühren. Spinat zugeben und nur heiß werden lassen. Mit Salz und Pfeffer abschmecken. Den Ziegenkäse in kleine Würfel schneiden und auf dem Spinat warm werden lassen.

8_Und jetzt kann es losgehen: Jeder legt sich einen Crêpe auf den Teller, löffelt ein wenig Gemüse und Käse darauf und klappt den Crêpe zweimal zusammen.

VARIANTE: Zucchini-Paprika-Füllung

Statt dem Spinat und den Pilzen 500 g Zucchini und 1 große rote Paprikaschote waschen, putzen und in kleine Würfel schneiden. 1 große rote Zwiebel schälen, vierteln und in feine Streifen schneiden. 2 Knoblauchzehen schälen und durch die Presse drücken. Alles in 4 EL Olivenöl bei mittlerer Hitze 4–5 Minuten braten. 400 g Tomaten waschen und klein würfeln, dabei die Stielansätze entfernen. Die Tomaten unter Zucchini und Paprika mischen und die Füllung zugedeckt bei schwacher Hitze etwa 5 Minuten schmoren. Mit Salz und Pfeffer würzen, auf den Crêpes verteilen und mit insgesamt 100 g Comté oder Gruyère (in dünnen Scheiben) belegen. Zusammenklappen und essen.

Salade niçoise

Klassiker aus dem Süden
– zum Sattessen

Zutaten für 4 Personen:
250 g festkochende Kartoffeln
300 g grüne Bohnen
5–6 Stängel Bohnenkraut (ersatz-
weise Thymian) | Salz
2 Eier (Größe M)
1 rote Zwiebel
1 gelbe Paprikaschote
4 Tomaten | 1 kleine Salatgurke
1 kleiner Salatkopf (z.B. Burgunder,
Romana oder auch Kopfsalat)
1 Bund Basilikum
15 in Öl eingelegte Sardellenfilets
2 Knoblauchzehen
4 EL Zitronensaft | Pfeffer
8 EL Olivenöl
50 g schwarze oder grüne Oliven

Zubereitungszeit: 1 Stunde
Kalorien pro Portion: 485 kcal

1_Die Kartoffeln waschen und in Wasser
zugedeckt in 20–25 Minuten weich, aber
nicht zu weich garen (zum Test mit einem
Messer einstechen). Dann abgießen und
abkühlen lassen.

2_Die Bohnen waschen und die Enden
abschneiden, sich dabei lösende Fäden
abziehen. 1/2 l Wasser mit Bohnenkraut
und Salz aufkochen. Bohnen einlegen, bei
mittlerer Hitze in etwa 8 Minuten zugedeckt
bissfest kochen. Abschrecken, abtropfen
lassen. Eier in 8–10 Minuten hart kochen,
abschrecken und abkühlen lassen.

3_Zwiebel schälen, vierteln und in feine
Streifen schneiden. Die Paprika waschen,
putzen und in feine Streifen schneiden.
Tomaten waschen und achteln, dabei
Stielansätze entfernen. Gurke waschen,
längs vierteln und dann quer in Scheiben
schneiden. Salatblätter auseinanderlösen,
waschen, trockenschleudern und in mundgerechte Stücke zupfen. Die Basilikumblättchen abknipsen und kleiner zupfen.
Kartoffeln und Eier schälen und achteln.

4_Sardellen abtropfen lassen und 3 Filets
mit der Gabel fein zerdrücken. Knoblauch
schälen und dazupressen. Beides mit dem
Zitronensaft, Salz und Pfeffer verrühren.
Mit dem Öl zu einer cremigen Sauce ver-
schlagen. Gemüse, Kartoffeln, Salat, das
Basilikum und die Zwiebel mit der Sauce
mischen und auf eine Platte füllen. Übrige
Sardellenfilets, Oliven und Eier darauflegen. Mit Baguette essen.

Salade lyonnaise

Heißt manchmal auch
Salade bordelaise

Zutaten für 4 Personen:
1 Frisée- oder Endiviensalat
1/2 Bund gemischte Kräuter (z.B.
Petersilie, Sauerampfer, Borretsch,
Estragon und Kerbel)
150 g durchwachsener Räucherspeck (in dünnen Scheiben)
4 Knoblauchzehen
4 Scheiben Toastbrot
1 Eigelb (Größe M, ganz frisch
oder vom hart gekochten Ei)
1/2 EL Dijon-Senf
3 EL Weißweinessig
9 EL Öl
2 EL Gemüsefond oder Wasser
Salz | Pfeffer
4 Eier (Größe M)

Zubereitungszeit: 30 Minuten
Kalorien pro Portion: 580 kcal

1_Die Salatblätter auseinanderlösen und
waschen, trockenschleudern und in mundgerechte Stücke zupfen. Kräuter waschen
und trockenschütteln, die Blättchen von

den Stängeln knipsen, kleiner zupfen und mit dem Salat mischen. Speck in dünne Streifen schneiden. Knoblauch schälen. Toast entrinden und 1 cm groß würfeln.

2_Für die Sauce das Eigelb mit dem Senf und 2 EL Essig gründlich verquirlen. Nach und nach 7 EL Öl unterschlagen, Gemüsefond oder Wasser unterrühren und die Sauce salzen und pfeffern.

3_In einem Topf 1 l Wasser mit dem restlichen Essig und Salz aufkochen. Gleichzeitig schon mal den Speck in einer Pfanne bei mittlerer Hitze knusprig werden lassen, ab und zu umrühren. Mit einem Schaumlöffel die Speckstreifen aus dem Fett heben, übriges Öl ins Fett geben und die Brotwürfel darin rundherum braun braten. Knoblauch durch die Presse dazudrücken, kurz weiterbraten. Die Croûtons aus der Pfanne nehmen.

4_Die Eier nacheinander in eine Suppenkelle aufschlagen und vorsichtig ins leise siedende Essigwasser rutschen lassen. 4 Minuten pochieren, also ziehen lassen, dann mit dem Schaumlöffel herausheben. Salat mit Speck und Sauce mischen und auf Teller verteilen. Croûtons aufstreuen und jede Portion mit 1 Ei krönen. Et voilà!

Salade de riz
Reissalat aus der Camargue

Zutaten für 4 Personen:
2 Schalotten | 2 Zweige Thymian
5 EL Olivenöl
250 g Langkornreis (original ist roter)
1/8 l trockener Weißwein oder Rosé
1 Lorbeerblatt | Salz | Pfeffer
2 rote Paprikaschoten
200 g geschälte, rohe Garnelen
4 Stängel Petersilie
2 Knoblauchzehen | 2 Tomaten
8 in Öl eingelegte Sardellenfilets
3 EL Weißweinessig

Zubereitungszeit: 1 Stunde
Kalorien pro Portion: 500 kcal

1_Schalotten schälen und fein würfeln. Thymian waschen und trockenschütteln, Blättchen abstreifen. Beides in einem Topf in 1 EL Öl andünsten. Reis in einem Sieb abbrausen, abtropfen lassen, dazugeben. Mit Wein und 3/8 l Wasser aufgießen, Lorbeer einlegen, salzen, pfeffern. Zugedeckt in 20 Minuten bei schwacher Hitze ausquellen lassen (roter Reis braucht um die 45 Minuten und etwa ein Drittel mehr Wasser). Offen lauwarm abkühlen lassen.

2_Inzwischen den Backofen auf 250 Grad vorheizen (auch schon jetzt einschalten: 220 Grad Umluft). Die Paprika waschen und durch den Stiel halbieren, Stiel ausbrechen. Schoten mit der Haut nach oben aufs Backblech legen und im Ofen (Mitte) etwa 15 Minuten backen, bis die Haut dunkle Blasen hat. Schoten kurz ruhen lassen, dann häuten und grob würfeln.

3_Die Garnelen in mundgerechte Stücke schneiden. Petersilie waschen, trockenschütteln und die Blättchen fein hacken. Knoblauch schälen und ebenfalls hacken. In einer Pfanne 1 EL Öl erhitzen. Garnelen darin mit Knoblauch und Petersilie unter Rühren 1 Minute bei starker Hitze braten. Mit Salz und Pfeffer würzen und in eine Schüssel geben.

4_Tomaten waschen und klein würfeln, die Stielansätze dabei entfernen. Die Sardellenfilets abtropfen lassen und dritteln. Den Essig mit Salz, Pfeffer und dem restlichen Öl gut verquirlen. Reis, Paprika und Tomaten mit der Sauce in die Schüssel zu den Garnelen geben, alles gründlich vermischen, nochmals abschmecken und mit den Sardellenstücken belegen. Lauwarm schmeckt der Reissalat am allerbesten.

Pfeffersteaks mit Pommes frites

Gibt's eigentlich in jedem Bistro!

Zutaten für 4 Personen:
4 Scheiben Rinderlende (je etwa 2 cm dick und 180 g schwer)
1 EL schwarze Pfefferkörner
800–1000 g festkochende Kartoffeln
3/4 l Öl oder Pflanzenfett zum Frittieren
1 EL Butter
1 EL Olivenöl
Salz

Zubereitungszeit: 30 Minuten
Kalorien pro Portion: 530 kcal

1_Den Fettrand der Lendensteaks im Abstand von 1–2 cm einschneiden, damit sich die Steaks beim Braten nicht wölben. Pfefferkörner im Mörser mittelgrob zerdrücken. Die Steaks darin wenden.

2_Kartoffeln schälen, waschen und erst in etwa 1 cm dicke Scheiben, dann in nicht zu dünne Stifte schneiden. Mit Küchenpapier trockentupfen. Den Backofen auf 100 Grad (Ober- und Unterhitze) schalten.

3_Das Öl oder Fett zum Frittieren in einem weiten Topf bei starker Hitze erhitzen. Zur Probe ein Holzstäbchen oder auch den Stiel eines Holzkochlöffels hineinhalten. Es müssen sich rundherum gleich viele Bläschen bilden, dann ist die Fetttemperatur richtig. Die Hitze auf mittlere Stufe zurückschalten. Die Kartoffeln in zwei bis drei Portionen im heißen Fett erst einmal 3 Minuten frittieren. Mit dem Schaumlöffel herausheben und auf einer dicken Lage Küchenpapier abfetten lassen.

4_Das Fett noch mal richtig heiß werden lassen. Pommes darin erneut 1–2 Minuten frittieren, bis sie knusprig sind. Herausheben, auf Küchenpapier abfetten und auf einer Platte im Backofen warm stellen.

5_Für die Steaks Butter und Öl in einer Pfanne bei starker Hitze heiß werden lassen. Dann die Hitze leicht reduzieren, die Steaks salzen und in der Pfanne pro Seite 1 Minute kräftig anbraten. Herausnehmen und 2–3 Minuten ruhen lassen. Die Hitze auf mittlere Stufe schalten und die Steaks noch einmal pro Seite etwa 3 Minuten braten, bis sie medium sind. Pommes salzen und mit den heißen Steaks gleich essen.

Sardinen mit Tomaten-Aïoli

Aroma mal zwei – würziger Fisch und pikante Sauce

Zutaten für 4 Personen:
800 g Sardinen | 1/4 Bund Thymian
6 Knoblauchzehen | 2 EL Zitronensaft
Salz | Pfeffer
1 große Tomate (etwa 150 g)
1/4 TL Safranfäden
125 g Mayonnaise (aus dem Glas oder selbst gemacht, siehe Rezept Seite 58 – ohne Zitrone, Melisse und Crème fraîche)
2 TL Tomatenmark
Chilipulver nach Geschmack
Öl für den Grillrost

Zubereitungszeit: 45 Minuten
+ 4 Stunden Marinieren
Kalorien pro Portion: 505 kcal

1_Die Sardinen waschen und dabei eventuell die Schuppen abstreifen. Die Köpfe abschneiden und die Fische am Bauch aufschneiden. Ausnehmen und die Mittelgräte mit dem Löffelstiel anheben und ablösen. Die Fische noch einmal waschen und trockentupfen, in eine Schale legen.

2_Thymian waschen, trockenschütteln und die Blättchen abstreifen. 2 Knoblauchzehen schälen und in sehr feine Scheiben schneiden. Beides mit dem Zitronensaft verrühren, salzen, pfeffern und über den Sardinen verteilen. Abdecken und etwa 4 Stunden im Kühlschrank ziehen lassen.

3_Dann die Sauce machen: Die Tomate waschen und halbieren. Die Hälften mit der Hand leicht andrücken, bis die Kerne heraustropfen. Die kann man jetzt mit dem Messerrücken gut abstreifen. Das Tomatenfleisch auf der Rohkostreibe fein von den Schalen abreiben. Safranfäden mit den Fingern zerkrümeln und unter das Tomatenfleisch mischen. Mayonnaise mit Tomatenmark und dem Tomatenfleisch gut verrühren. Übrigen Knoblauch schälen und dazupressen. Die Aïoli mit Salz und Chili abschmecken.

4_Den Grill anheizen und den Rost gut mit Öl einpinseln. Die Sardinen 4–6 Minuten grillen (10 cm Abstand zur Hitzequelle) – die Zeit hängt ganz von der Größe ab –, dabei einmal umdrehen. Sardinen gleich mit der Aïoli essen. Dazu gibt's außerdem knuspriges Baguette.

Baeckaoffe

Eintopf im Miniformat

Zutaten für 4 Personen:
600 g Fleisch zum Schmoren (am besten Rind, Lamm und Schwein gemischt, nur eine Sorte geht aber auch)
2 Knoblauchzehen
2 Lorbeerblätter
1/2 l trockener Weißwein (z. B. Elsässer Muscadet)
100 g durchwachsener Räucherspeck
500 g festkochende Kartoffeln
2 Möhren
1/4 Sellerieknolle oder
1 Petersilienwurzel
1 Stange Lauch
1 große Zwiebel
4 Zweige Thymian
Salz | Pfeffer

Zubereitungszeit: 40 Minuten
+ Marinieren über Nacht
+ 2 Stunden Backen
Kalorien pro Portion: 515 kcal

1_Von dem Fleisch nur die größeren Fettstücke und die Sehnen abschneiden. Das Fleisch dann 2 cm groß würfeln. Den Knoblauch schälen, vierteln und mit Lorbeer-blättern, Weißwein und Fleisch mischen und über Nacht im Kühlschrank Aroma tanken lassen.

2_Am nächsten Tag das Fleisch im Sieb abtropfen lassen, die Marinade auffangen. Vom Speck die Schwarte abschneiden und damit vier ofenfeste Portionsformen gut einreiben. Den Speck in kleine Würfel schneiden und mit dem Fleisch mischen.

3_Kartoffeln, Möhren und Sellerie oder Petersilienwurzel schälen und in dünne Scheiben schneiden. Den Lauch waschen, putzen und in feine Ringe schneiden. Die Zwiebel schälen und auch in Ringe teilen. Den Thymian waschen, trockenschütteln und grob schneiden.

4_Den Backofen auf 180 Grad vorheizen (erst später einschalten: 160 Grad Umluft). Die Hälfte der Kartoffelscheiben in den Formen verteilen. Fleisch daraufschichten und mit dem Gemüse bedecken, dann die restlichen Kartoffeln darauf ausbreiten. Dabei jede Schicht salzen und pfeffern und immer mal etwas Thymian dazwischenlegen. Marinade seitlich angießen. Mit Alufolie abdecken und im Ofen (Mitte) etwa 2 Stunden backen, in der letzten Viertelstunde ohne Folie.

Basic:

Da zeigen wir gleich
mal zu Anfang, was in
diesem Buch jeweils
am Ende vom Kapitel
kommt: Ein Rezept
der französischen
Hochküche, für das
man schon ein biss-
chen Zeit und Geduld
mitbringen sollte.
Dann klappt's auch
mit dem Hochgefühl.

Pastete im „petit bistro"? Aber klar, solange sie von einem guten „traiteur" aus
seinem Delikatessenladen geliefert wird.
Denn die Paradestücke der französischen
kalten Küche brauchen Zeit und Aufmerk-
samkeit, die „le patron" schon „cassoulet"
und „navarin" widmen muss. Hier aber
ein Rezept, das für jeden machbar ist.

Eins vorneweg: Diät und Pastete gehen
nicht zusammen! Denn in der klassischen
Mürbeteig-Hülle steckt reichlich Butter,
und für die Füllung braucht es fettes
Fleisch und schieren Speck, damit sie
geschmeidig wird. Und das wird dann
zusammen in einer möglichst schmalen
Pastetenform gebacken (gibt es im guten
Küchenladen, manche Modelle sogar speziell zum Aufklappen – eine Sandkuchen-
form ist nur dritte Wahl). Damit dabei der
entstehende Dampf entweichen kann,
baut man vorher einen kleinen „Schornstein" ein. Durch diesen lässt sich nach
dem Abkühlen auch gleich noch das Gelee
gießen, das die Lücken zwischen Fleisch
und Teig füllt. Voilà, fangen wir an.

1

Hauspastete

Zutaten für 8–10 Personen:

Für die Füllung:

300 g Kalbsschulter | 200 g Schweineschulter | 4 Schalotten | 2 EL Olivenöl
3 EL Weißweinessig | 2 EL Pastis
1 TL getrockneter Thymian
1/2 TL Lebkuchengewürz
weißer Pfeffer | 50 ml Cognac
2 Hühnerlebern | 400 g fetter Speck
150 g gekochte Rinderzunge (am Stück, Ersatz: gekochter Schinken ohne Fett)
3 Scheiben Toastbrot
2 Eigelb (Größe M)
Salz | 50 g Pistazienkerne
3 Blatt weiße Gelatine
200 ml kräftige Brühe (am besten die Consommé double von Seite 67)
50 ml roter Portwein

Für den Teig:

250 g Mehl | 1/2 TL Salz
125 g eiskalte Butter + etwas mehr für die Form
2 Eigelb (Größe M)

Zubereitungszeit: 3 Stunden
+ 1 Tag und 5 1/2 Stunden Kühlen
+ 1 Stunde Backen
Kalorien pro Portion (bei 10 Personen):
660 kcal

1_Für die Füllung das Fleisch 2 cm groß würfeln und in eine Schüssel geben. Die Schalotten schälen, 3 grob würfeln und mit Öl, Essig, Pastis, Thymian, Lebkuchengewürz und Pfeffer pürieren, dann mit dem Fleisch vermischen. Cognac mit restlicher Schalotte pürieren, mit den Hühnerlebern in einer Schüssel mischen. Beides zugedeckt 12 Stunden kalt stellen.

2_Am nächsten Tag den Teig zubereiten: Mehl, Salz und Butter in Flöckchen in eine Schüssel geben, krümelig verkneten. Dann rasch 1 Eigelb unterkneten – es soll ein glatter Teig entstehen, sonst noch 1–2 EL eiskaltes Wasser zugeben. Teig nicht zu lange kneten, sonst bröckelt er. Nun den Teig möglichst flach drücken, in Klarsichtfolie wickeln und 1 1/2 Stunden kühlen.

3_300 g Speck grob schneiden, den Rest wie die Zunge knapp 1 cm groß würfeln. Den Toast entrinden und fein hacken. Fleisch, Lebern, groben Speck und Toast durch den Fleischwolf drehen (mittlere Scheibe), mit den Eigelben vermengen. Salzen, Speck- und Zungenwürfel sowie Pistazien untermengen. Ebenfalls kühlen.

4_Dann Teig auf einer bemehlten Arbeitsfläche 2–3 mm dick und so groß ausrollen, dass die Form (1 1/2 l Inhalt) damit ausgekleidet werden kann. Die Form buttern, Teig in die Form heben und andrücken, ohne ihn zu zerreißen. Überhängenden Teig nur so weit abschneiden, dass die Ränder der Form bedeckt sind. Teigreste ausrollen und einen Teigdeckel in Größe der Form ausschneiden, in die Mitte ein Loch (etwa 1 cm Ø) stechen (Bild 1).

5_Den Backofen auf 180 Grad vorheizen (erst später einschalten: 160 Grad Umluft). Fleischmasse in die Form füllen und glatt streichen, Teigrand mit etwas verquirltem Eigelb bestreichen. Teigdeckel auf die Fleischmasse legen, festdrücken (Bild 2). Aus Alufolie einen „Schornstein" formen und ins Loch stecken (Bild 3).

6_Den Teigdeckel mit dem übrigen Eigelb bestreichen (und nach Wunsch mit ausgestochenen Teigresten dekorieren). Die Pastete 1 Stunde im Ofen (Mitte) backen, dann etwa 12 Stunden in der Form auskühlen lassen. Danach den Alufolien-Schornstein entfernen.

7_Am nächsten Tag Gelatine 10 Minuten in kaltem Wasser einweichen. Brühe und Portwein aufkochen und die ausgedrückte Gelatine darin auflösen. Die Geleeflüssigkeit mit Hilfe eines Trichters durch das Loch im Teigdeckel in die Pastete füllen (Bild 4). Pastete mindestens 4 Stunden kühlen und das Gelee fest werden lassen.

8_Die fertige Pastete aus der Form lösen und mit einem scharfen, schmalen Messer in fingerdicke Scheiben schneiden. Dazu schmeckt Cumberlandsauce (aus dem Glas) oder auch 250 g Preiselbeerkonfitüre gemischt mit 1 EL Dijon-Senf.

Hors d'œuvres

Was die Beiträge abseits des Wettbewerbs bei den Filmfestspielen in Cannes sind, das sind die „hors d'œuvres" beim Menü. „Außerhalb vom Hauptwerk" ist die wörtliche Übersetzung dieser kleinen, kulinarischen Kunstwerke, die interessanter sein können als alles, was danach kommt. Na ja, sie dürfen schließlich auch mehr sein: kalt („froid") oder warm („chaud") oder beides, Fisch oder Fleisch oder Gemüse, fest oder weich oder flüssig. Vor allem aber sollen sie anregend und nicht sättigend sein. Denn: Die Hauptsache kommt noch!

Profis Liebling

Verrine

Wem Krabbencocktail und Geflügelterrine inzwischen zu fad zum Menü-Auftakt sind, der kann sich einem neuen Spielzeug zuwenden: „Verrines" sind eine Kreuzung aus Cocktail und Terrine mit je einem Schuss Fusions- und Molekularküche

im Glas, in dem sie stets serviert werden („verre" = Glas). Dabei kombiniert man ganz unterschiedliche Zutaten, Texturen und Aromen mal im Kontrast und mal Ton in Ton in dünnen Schichten – sodass sich mit einem Löffel das komplette Erlebnis auf der Zunge entfaltet. Und toll aussehen tut das Ganze auch noch.

Parlez-vous cuisine?

du frigidaire	aus dem Kühlschrank
beurre	Butter
crème	Sahne
crudités	Rohkost
entrée	Vorspeise
fromage	Käse
herbes	Kräuter
jambon	Schinken
moutarde	Senf
œuf	Ei
paté	Teig, Pastete
saucisse	Wurst

Franck, der Saucier

Vinaigrette

Sie ist die klassische französische Salatsauce, die im Grundrezept aus Weinessig, aromatischem Öl, etwas Senf und Schalotten besteht. Je nach Aroma und Stärke des Essigs kann die Mischung mit Öl 1:2 oder 1:3 sein. Je nachdem, welche Essig- und Ölsorte man wählt, ändert sich das Aroma der Vinaigrette – z.B. mit Champagner-, Himbeer- oder Estragonessig sowie Oliven-, Walnuss- oder Traubenkernöl. Kommen andere Flüssigkeiten – Säfte, Fonds, Wasser – dazu, ist diese Salatsauce zwar keine Vinaigrette mehr, kann aber auch gut schmecken.

Für etwa 100 ml Vinaigrette 1 kleine Schalotte schälen, fein würfeln und mit 3 EL Essig und 1/2 TL scharfem Senf verrühren, nun mit Salz und Pfeffer würzen. Sollen noch Kräuter dazu, dann jetzt – denn ist das Öl einmal daran, können die zarten Aromen nicht mehr zum Essig durchdringen. 6–9 EL Öl werden nun einer nach dem anderen kräftig untergerührt, sodass eine glatte Sauce entsteht.

Gardemanger

Wenn der Kellner mit einem Bon zur Küchentür hereinkommt, macht er erst beim „Wächter des Essens" halt – selbst wenn der Gast nichts aus der kalten Küche zum Auftakt haben will. Denn bei ihm gibt's die Butter zum Brot und in vornehmeren Lokalen die „amuse-gueules", die Appetithäppchen des Hauses. Dann folgen die kühlen Overtüren des Menüs, Terrinen, Pasteten und Gelees, bunte Salate und „hors d'œuvres" von edlen Austern über rustikale „charcuterie" (Wurstwaren) bis hin zu fein ziselierten „canapés". Die entdeckt man auch auf Buffets, welche zumindest in Grand Hotels die eigentliche Baustelle des „gardemanger" sind – von der er sich bei der Teilnahme am Service fast schon wieder erholt. Bis der Käse kommt.

Les petites nations Lyonnais

Paris ist der Kopf der französischen Küche, ihre Seele aber liegt weiter südlich in der Provinz um Lyon, historisch Lyonnais genannt. Es ist die Heimat von Paul Bocuse und dem gefräßigen Riesen Gargantua (aus der Literatur), von Charolais-Rindern und Bresse-Hühnern, aber auch von einigen Merkwürdigkeiten wie den „boutargues" (gesalzener Meeräschenrogen) und Beaujolais nouveau. Ferdinand Point hat hier in Vienne, dem Schnittpunkt von Stadt und Land, einst fast alleine die neue französische Küche erfunden, zugleich hat die Region der Welt herrliche Würste („cervelas" oder Lyoner, „rosette de Lyon") und feinste Kartoffeln geschenkt, die man hier schlecht mit Zwiebeln gebraten als „pommes lyonnaises" serviert bekommt – nach einem „salade lyonnaise", bei dem die so neu wirkende Kombination von kalt und warm auf eine (ur)alte Tradition zurückgeht (Rezept Seite 46).

Kalbsleber-Mousse mit Pfefferpfirsich

Ziemlich edel und fein

Zutaten für 6–8 Personen:
Für die Kalbsleber-Mousse:
500 g Kalbsleber | 2 Schalotten
1/2 Bio-Zitrone | 2 EL Öl
50 ml Cognac (Noilly Prat oder Calvados
sind auch sehr fein)
100 ml weißer Portwein oder kräftiger,
fruchtiger Weißwein
100 ml Geflügelbrühe
1 TL Pfefferkörner
1 Nelke | 2 Pimentkörner (wer mag)
4 Wacholderbeeren
1 Lorbeerblatt | Salz
100 g Butter | 125 g Sahne
Für die Pfefferpfirsiche:
2 große, vollreife Pfirsiche
1 Rispe frischer grüner Pfeffer
100 ml fruchtiger Weißwein
2 Lorbeerblätter | 2 TL Honig | Salz

Zubereitungszeit: 40 Minuten
+ 5 Stunden Kühlen
Kalorien pro Portion (bei 8 Personen):
315 kcal

1_Für die Mousse Kalbsleber abbrausen und trockentupfen, Häutchen abtrennen. Die Kalbsleber in etwa 2 cm große Stücke schneiden. Die Schalotten schälen und fein würfeln. Die Zitronenhälfte heiß waschen und abtrocknen, 3 cm Schale dünn abschneiden, 3 TL Saft auspressen.

2_Öl in einer Pfanne erhitzen. Schalotten darin andünsten. Dann die Leber zugeben und bei mittlerer Hitze 2–3 Minuten unter Rühren braten. Cognac, Wein und Brühe mit Gewürzen, Lorbeer und Zitronenschale dazumischen, aufkochen. Leicht salzen und offen etwa 10 Minuten garen.

3_Die Leber herausfischen. Sud durch ein Sieb in einen Topf gießen, die Zutaten im Sieb mit dem Kochlöffel gut ausdrücken. Den Sud offen bei starker Hitze einkochen lassen, bis nur noch ungefähr 50 ml übrig sind. Das dauert nur ein paar Minuten.

4_Die Leber mit dem Sud in der Küchenmaschine fein zerkleinern. Die Butter in Stücke schneiden und untermixen. Die Mischung mit Salz und dem Zitronensaft abschmecken. Die Sahne steif schlagen und vorsichtig unterheben. Mousse in eine Schüssel füllen, mit Folie abdecken und mindestens 5 Stunden kühl stellen.

5_Pfirsiche häuten (wenn die Haut sich nicht leicht abziehen lässt, die Früchte mit kochend heißem Wasser überbrühen, kalt abbrausen und dann die Haut abziehen), halbieren, entkernen, in Spalten teilen. Pfeffer waschen und trockentupfen. Die Körner von der Rispe abstreifen und grob hacken. Wein mit Lorbeerblatt, Pfeffer und Honig aufkochen, salzen. Pfirsichspalten einlegen und 5 Minuten bei schwacher Hitze im Sud ziehen lassen. Dann im Sud abkühlen lassen.

6_Zum Servieren von der Mousse Nocken abstechen und auf Teller setzen. Ein paar Pfirsichspalten danebenlegen und etwas Sud dazulöffeln. Mit knusprigem ofenfrischem Baguette auf den Tisch stellen.

VARIANTE: Fisch-Paté
40 g altbackenes Weißbrot entrinden, würfeln und mit 200 g kalter Sahne mischen. 400 g aromatisches Fischfilet (z.B. St.-Petersfisch, Meerbarben oder Hecht) würfeln, salzen, pfeffern und kühl stellen. 2 Schalotten schälen, fein würfeln und in 1/2 EL Butter andünsten. 1 Handvoll Kerbel waschen, trockenschütteln und hacken. 1/2 Bio-Zitrone heiß waschen und abtrocknen, die Schale fein abreiben.

Brot mit Sahne und Fisch in zwei bis drei Portionen kurz, aber kräftig pürieren. Mit Schalotten, Kerbel, Zitronenschale und 1 Eiweiß (Größe M) mischen, salzen und pfeffern. Die Masse in eine gebutterte Form (1 l Inhalt) streichen, in eine zweite Form setzen und da hinein bis zur Hälfte Wasser füllen. Paté im 150 Grad heißen Backofen (Mitte, 130 Grad Umluft) etwa 1 Stunde garen. Vorm Anschneiden mindestens 2 Stunden kühl stellen.

VARIANTE: Ziegenkäse-Mousse

Je 2 Stängel Estragon und Petersilie und 1 Handvoll Kerbel waschen und trockenschütteln, fein hacken. 1/2 Bio-Zitrone oder -Orange heiß waschen, abtrocknen und die Schale fein abreiben. 2 Knoblauchzehen schälen und durchpressen. Alles mit 300 g Ziegenfrischkäse, 100 g Crème fraîche oder Crème double und 2 EL Olivenöl verrühren, salzen und pfeffern. 4 Blatt weiße Gelatine 10 Minuten in kaltem Wasser einweichen, dann tropfnass bei schwacher Hitze auflösen. Mit einem Teil der Creme verrühren, dann unter den Rest heben. 4 Stunden kalt stellen, dann kleine Nocken abstechen und servieren – etwa mit den Ofentomaten von Seite 64.

Feines Blätterteiggebäck

Perfekt zum Aperitif

Zutaten für 50 Stück:
Für die Olivenpaste:
150 g Oliven (original sind schwarze, aber grüne schmecken auch, entsteint braucht man 80–100 g, aber die mit Stein schmecken besser)
2 Zweige Thymian
4 in Öl eingelegte Sardellenfilets
2 in Öl eingelegte, getrocknete Tomaten
2 EL Kapern | 4 EL Olivenöl | Pfeffer
Für die Sardellenpaste:
100 g in Öl eingelegte Sardellenfilets
2 Knoblauchzehen | 2 Stängel Petersilie
1–2 TL Rotweinessig
3 EL Olivenöl | Pfeffer
Außerdem:
4 Platten TK-Blätterteig
Mehl zum Ausrollen

Zubereitungszeit: 45 Minuten
+ 17 Minuten Backen
Kalorien pro Stück: 40 kcal

1_Für die Olivenpaste das Olivenfleisch von den Steinen schneiden. Den Thymian waschen, trockenschütteln und die Blätt-chen abstreifen. Die Sardellenfilets und Tomaten abtropfen lassen, würfeln. Alles mit Kapern und Öl im Mixer fein pürieren und gut pfeffern. Salz braucht es nicht.

2_Für die Sardellenpaste die Sardellen abtropfen lassen und grob hacken. Den Knoblauch schälen und fein hacken. Die Petersilie waschen, trockenschütteln und die Blättchen hacken. Alles mit Essig und Öl im Mixer fein pürieren, pfeffern.

3_Die Blätterteigplatten nebeneinanderlegen und unter einem Küchentuch in etwa 10 Minuten auftauen lassen. Den Backofen auf 200 Grad vorheizen (auch schon jetzt einschalten: 180 Grad Umluft). Das Backblech mit Backpapier auslegen.

4_Die Blätterteigplatten nacheinander auf wenig Mehl gut doppelt so groß ausrollen. 2 Platten dünn mit Olivenpaste, die anderen beiden mit Sardellenpaste einstreichen. Jeweils beide Längsseiten nach innen einrollen, bis sie sich in der Mitte treffen. Die Rollen in 1 cm dicke Scheiben schneiden, nebeneinander aufs Blech legen und im Ofen (Mitte) in etwa 17 Minuten knusprig backen. Abgekühlt mit den restlichen Pasten servieren.

Artischocken mit dreierlei Saucen

Ein Essen, das so richtig Spaß macht

Zutaten für 4 Personen:

Für die Artischocken:
4 dicke, fleischige Artischocken
Saft von 1 Zitrone
Salz

Für die Zitronenmayonnaise:
1 ganz frisches Eigelb (Größe M,
zimmerwarm, also mindestens
30 Minuten vorher aus dem Kühlschrank holen)
1 TL Dijon-Senf
150 ml Olivenöl
1 Bio-Zitrone
1/4 Bund Zitronenmelisse
1 EL Crème fraîche
Salz │ Pfeffer

Für die Kräutercreme:
1 gute Handvoll gemischte Kräuter
(z. B. Schnittlauch, Basilikum, Rucola,
Pimpinelle und Borretsch)
250 g Crème fraîche
1 TL Öl
2 TL Zitronensaft
Salz │ Pfeffer

Für die Tomaten-Estragon-Vinaigrette:
5 Stängel Estragon
150 g Tomaten
2 EL Weißweinessig
2 TL Dijon-Senf
8 EL Olivenöl
Salz │ Pfeffer

Zubereitungszeit: 50 Minuten
Kalorien pro Portion: 850 kcal

1_Die Artischocken unter fließendem Wasser abbrausen. Den Stiel dicht an den unteren Blättern einfach abschneiden. Die unteren Blätter sind klein und manchmal leicht braun – abzupfen. Von den übrigen Blättern mit der Küchenschere die Spitzen abschneiden.

2_In einem weiten Topf reichlich Wasser zum Kochen bringen. Zitronensaft und Salz dazugeben. Artischocken einlegen und den Topfdeckel halb auflegen. Die Artischocken bei mittlerer bis starker Hitze um die 30 Minuten garen, bis sie weich sind. Und das kann man so überprüfen: 1 Artischocke mit dem Schaumlöffel aus dem Wasser heben – mit dem Stielansatz nach oben, damit das Wasser gut ablaufen kann. Jetzt eins der äußeren Blätter abziehen. Geht das schön leicht, ist das Gemüse fertig, sitzt es noch fest, ein paar Minuten zugeben. Während die Artischocken kochen, Saucen zubereiten.

3_Für die Mayonnaise muss das Eigelb wirklich zimmerwarm sein, sonst haben Eigelb und Öl nicht die gleiche Temperatur und die Mayo gelingt nicht. Also das zimmerwarme Eigelb mit dem Senf in einer hohen Rührschüssel mit den Quirlen des Handrührgeräts cremig rühren. Dann das Öl zuerst Tropfen für Tropfen unter die Eigelbcreme schlagen. Wenn die Mischung dickflüssiger wird, lässt man das Öl im dünnen Strahl einfließen. Immer weiterrühren! Zitrone heiß waschen und abtrocknen, die Schale fein abreiben und 2–3 TL Saft auspressen. Melisse waschen und trockenschütteln, die Blättchen abzupfen und fein hacken. Mit Zitronenschale und -saft und der Crème fraîche unter die Mayonnaise rühren. Mit Salz und Pfeffer abschmecken.

4_Für die Kräutercreme die Kräuter waschen und trockenschütteln, Blättchen abzupfen und fein hacken. Crème fraîche mit Öl und Zitronensaft cremig verrühren. Kräuter untermischen, salzen, pfeffern.

5_Für die Vinaigrette Estragon waschen und trockenschütteln, Blättchen abzupfen und fein hacken. Die Tomaten waschen, vierteln und sehr fein würfeln, dabei die Stielansätze entfernen. Essig mit Senf und Estragon glatt verrühren. Das Öl mit einer Gabel unterschlagen, bis die Mischung cremig ist. Tomaten unterrühren, mit Salz und Pfeffer abschmecken.

6_Und jetzt geht's ans Essen: Die Artischocken mit dem Schaumlöffel aus dem Wasser heben, gut abtropfen lassen und auf eine Platte legen. Die Saucen für jede Person auf drei Schälchen verteilen. Jeder nimmt sich nun seine Artischocke auf den Teller, zieht ein Blatt nach dem anderen heraus, tunkt es mit dem fleischigen Ende in eine der Saucen und steckt sie in den Mund. Artischockenfleisch mit der Sauce zwischen den Zähnen vom Blatt streifen und essen. Wenn die Blätter ganz dünn werden und nur noch wenig Fleisch zu bieten haben, einfach restlos abzupfen. Darunter liegt das fasrige „Heu". Das schneidet man mit dem Messer ab. Und darunter liegt das Herzstück der Artischocke, der Boden – für viele das Beste überhaupt. Diesen mit dem Messer in Stücke schneiden und mit den Saucen schmecken lassen. Dazu und auch zum Tunken der restlichen Saucen gibt es natürlich Baguette.

Blattsalate mit gebackenem Ziegenkäse

Immer wieder toll

Zutaten für 4 Personen:
250 g Salatblätter und Kräuterblättchen gemischt (z. B. Burgunder oder Kopfsalat, Rucola, Portulak, Zitronenmelisse, zarter Löwenzahn und Kerbel)
2 Handvoll Himbeeren (falls Saison ist)
2 EL Himbeeressig (ersatzweise Rotweinessig)
Salz │ Pfeffer
1 TL Honig
2 EL Haselnussöl (am besten eines aus gerösteten Nüssen, ersatzweise auch Walnussöl oder mehr Olivenöl)
2 1/2 EL Olivenöl
4 kleine, runde Ziegenweichkäse oder 8 kleine, runde Ziegenfrischkäse (Crottin oder Picandou, etwa 200 g)

Zubereitungszeit: 20 Minuten
Kalorien pro Portion: 265 kcal

1_Die Salatblätter und Kräuterblättchen waschen und trockenschleudern. Salatblätter in kleinere Stücke zupfen oder schneiden. Wer sie bekommen hat: Die Himbeeren nur verlesen, möglichst nicht waschen. Den Backofengrill vorheizen.

2_Den Essig mit Salz, Pfeffer und dem Honig verrühren. Das Haselnussöl und 2 EL Olivenöl mit einer Gabel kräftig unterschlagen, bis die Sauce cremig ist.

3_Die Ziegenkäse nebeneinander in eine ofenfeste Form setzen und mit dem restlichen Olivenöl bestreichen. Mit gut 10 cm Abstand unter die Grillschlangen in den Ofen schieben und etwa 4 Minuten grillen, bis sie goldbraun sind.

4_Derweil Salatmischung und Himbeeren mit der Sauce mischen und auf Teller verteilen. Jeweils 1 Crottin oder 2 Picandou daraufsetzen. Und jetzt: Bon appétit!

VARIANTE: Mesclun

Die Salatmischung und die Salatsauce wie beschrieben vorbereiten. Eine Salatschüssel kräftig mit 1/2 Knoblauchzehe ausreiben. 2 Scheiben Toastbrot ohne Rinde würfeln und in 2 EL Olivenöl goldbraun braten. 1 EL Walnusskerne in kleine Stücke brechen und mit den Brotwürfeln und der Sauce unter den Salat heben.

Crudités

Hier wird geknabbert

Zutaten für 6 Personen:
Für Linsen und Gemüse:
200 g braune oder grüne Linsen
2 Lorbeerblätter
Salz │ Pfeffer
4 Möhren │ 4 Stangen Staudensellerie
2 Stauden Chicorée
je 1 gelbe und rote Paprikaschote
2 kleine Rote Beten
1 kleines Bund Radieschen
Für die Oliven-Zitronen-Konfitüre:
1 große Bio-Zitrone
je 100 g schwarze und grüne Oliven
100 g Zucker │ Pfeffer │ Salz
Für die Anchoiade:
125 g in Öl eingelegte Sardellenfilets
2 Knoblauchzehen
2 Stängel Petersilie │ 150 ml Olivenöl
2 EL Rotweinessig │ Pfeffer
Für die Kräutercreme:
1 Schalotte │ 1 Handvoll Kerbel
2 TL Cidre- oder Weißweinessig
Salz │ Pfeffer │ 2 TL Dijon-Senf
200 g Crème fraîche │ 1 EL Olivenöl

Zubereitungszeit: 1 1/4 Stunden
Kalorien pro Portion: 705 kcal

1_Die Linsen mit Lorbeer und gut 1/2 l Wasser aufkochen, dann bei schwacher bis mittlerer Hitze in etwa 45 Minuten zugedeckt nicht zu weich garen. Abgießen, salzen, pfeffern und abkühlen lassen.

2_Inzwischen für die Konfitüre Zitrone heiß waschen und abtrocknen, Schale fein abreiben, Saft auspressen. Olivenfleisch von den Steinen schneiden, fein hacken. Alles mit Zucker in einem Topf erhitzen. Bei schwacher Hitze etwa 10 Minuten offen köcheln lassen. Pfeffern und leicht salzen, abkühlen lassen.

3_Für die Anchoiade Sardellen abtropfen lassen und hacken. Knoblauch schälen und sehr fein hacken. Petersilie waschen, trockenschütteln und die Blättchen ebenfalls fein hacken. Sardellen mit Knoblauch und Öl bei schwacher Hitze erwärmen, bis die Sardellen zerfallen sind. Kräftig durchrühren, Petersilie und Essig unterrühren und die Sauce pfeffern. Abkühlen lassen.

4_Für die Kräutercreme Schalotte schälen und sehr fein würfeln. Kerbel waschen und trockenschütteln, Blättchen fein hacken. Essig mit Salz, Pfeffer und Senf verrühren, Crème fraîche und Öl unterschlagen, die Schalotten und den Kerbel untermischen.

5_Das Gemüse waschen oder schälen, putzen, in Stifte schneiden und auf einer großen Platte verteilen. Linsen in eine Schüssel füllen. Beim Essen ist jeder sein eigener Koch: Die Linsen schmecken mit Anchoiade oder mit der Kräutercreme, das Gemüse wird mal da, mal dort eingetunkt. Und dazu gibt's Baguette.

Lauwarmer Pilzsalat

Mit feinem Fisch serviert

Zutaten für 4 Personen:
500 g Steinpilze, Champignons oder Egerlinge | 2 Schalotten
1/2 Bio-Zitrone | 4 Zweige Thymian
3 EL Butter (eventuell gesalzene)
Salz | Pfeffer
2 EL Noilly Prat | 2 EL Olivenöl
8 kleine Fischfilets (z. B. Rotbarbe) oder
8 kleine Jakobsmuscheln
2 TL Dijon-Senf

Zubereitungszeit: 30 Minuten
Kalorien pro Portion: 210 kcal

1_Die Pilze mit Küchenpapier sauber abreiben, Stielenden abschneiden. Pilze in etwa 1/2 cm dicke Scheiben schneiden. Die Schalotten schälen, halbieren und in feine Streifen schneiden. Zitrone heiß waschen und abtrocknen, etwa 2 cm Schale dünn abschneiden und sehr fein hacken, 1 EL Saft auspressen. Thymian waschen und trockenschütteln.

2_In einer Pfanne die Hälfte der Butter erhitzen. Pilze mit Schalotten und Thymian einrühren und bei mittlerer Hitze etwa 5 Minuten braten. Salzen, pfeffern, mit dem Noilly Prat ablöschen und die Zitronenschale unterrühren.

3_In einer Schüssel den Zitronensaft mit dem Olivenöl cremig rühren. Die Pilze untermischen, zugedeckt warm halten.

4_Die Fischfilets oder Muscheln mit dem Senf einstreichen und leicht salzen und pfeffern. Übrige Butter in einer Pfanne zerlassen. Filets oder Muscheln darin bei starker Hitze auf jeder Seite etwa 1 Minute braten (dabei die Fischfilets zuerst mit der Hautseite nach unten in die Pfanne geben). Die Pilze auf vorgewärmte Schälchen oder Teller verteilen und den Fisch oder die Muscheln daneben anrichten.

Gemüseflan mit Pastis-Sabayon

Ton in Ton und ziemlich edel

Zutaten für 6 Personen:
Für den Flan:
500 g Blumenkohlröschen
2 Schalotten
1 Kräutersträußchen (bestehend aus
4 Zweigen Thymian, 1 Stängel Estragon,
6 Stängeln Petersilie und 1 Lorbeerblatt,
mit Küchengarn zusammengebunden)
2 EL Butter + etwas mehr für die
Förmchen
150 ml Milch
Salz | Pfeffer
frisch geriebene Muskatnuss
1 Stück Bio-Zitronenschale (etwa 1 cm)
50 g Crème fraîche
2 Eier (Größe M)
Kerbelblättchen zum Garnieren
Für die Sabayon:
2 sehr frische Eigelb (Größe M)
40 ml Pastis
150 ml Gemüsefond (aus dem Glas)
Salz | Pfeffer

Zubereitungszeit: 35 Minuten
+ 50 Minuten Backen
Kalorien pro Portion: 330 kcal

1_Für den Flan die Blumenkohlröschen
waschen und abtropfen lassen, große
Röschen kleiner schneiden. Schalotten
schälen und fein würfeln. Die Kräuter
waschen und trockenschütteln.

2_Butter in einem Topf zerlaufen lassen.
Schalotten einrühren und kurz andünsten.
Blumenkohl zugeben und ebenfalls kurz
andünsten. Mit der Milch aufgießen und
mit Salz, Pfeffer und Muskat würzen.
Kräuter einlegen, Hitze auf kleine Stufe
schalten und den Deckel auflegen. Den
Blumenkohl etwa 20 Minuten garen, bis
er richtig schön weich ist.

3_Dann die Kräuterzweige aus den Kohl-
röschen fischen und wegwerfen. Blumenkohl mit der verbliebenen Garflüssigkeit
fein pürieren und etwas abkühlen lassen.

4_Den Backofen auf 150 Grad vorheizen
(erst später einschalten: 130 Grad Umluft).
Sechs ofenfeste Förmchen (je etwa 200 ml
Inhalt) gründlich mit Butter einstreichen.
Die Fettpfanne des Backofens oder auch
eine große ofenfeste Form etwa 3 cm
hoch mit heißem Wasser füllen.

5_Die Zitronenschale sehr fein hacken.
Mit Crème fraîche und Eiern unter das
Blumenkohlpüree heben, abschmecken.
Die Mischung in die Förmchen füllen, in
das heiße Wasser stellen. Flans im Ofen
(Mitte) im Wasserbad um die 50 Minuten
backen, bis die Flanmasse fest ist.

6_Nach gut 30 Minuten für die Sabayon
die Eigelbe mit Pastis und Gemüsefond in
einer Schüssel verrühren und dann über
heißem Wasserdampf mit den Quirlen des
Handrührgeräts kräftig durchschlagen, bis
die Sauce herrlich dickschaumig ist (siehe
auch Basic-TIPP). Mit Salz und Pfeffer
abschmecken.

7_Die Flans mit einem Messer vom Rand
der Förmchen lösen. Jeweils einen Teller
umgedreht auf die Förmchen legen, dann
beides mit Schwung umdrehen und den
Flan auf den Teller rutschen lassen. Flans
mit Sabayon umgießen, mit den Kerbelblättchen garnieren und gleich auf den
Tisch stellen.

VARIANTE: Gemüseterrine

Je 300 g Möhren, Brokkoli und Knollensellerie schälen oder waschen, putzen,
zerkleinern und getrennt in Salzwasser
oder Gemüsebrühe weich garen, dann
abtropfen lassen und pürieren. 4 Eier
(Größe M) trennen. Die Eigelbe mit 150 g
Crème fraîche und 1 TL Dijon-Senf mischen,
mit Salz und Pfeffer würzen und je ein
Drittel davon unter jedes Gemüsepüree
mischen. Die Eiweiße steif schlagen und
ebenfalls jeweils ungefähr ein Drittel
unter jede Gemüsemasse heben. Eine
Kasten- oder Terrinenform (1 1/2 l Inhalt)
mit Butter ausstreichen und die Gemüse-
massen nacheinander in drei Schichten
einfüllen und glatt streichen. Die Form
mit Alufolie (glänzende Seite nach innen)
abdecken und die Terrine im 150 Grad
heißen Backofen (Mitte, 130 Grad Umluft)
in einem Wasserbad etwa 1 1/2 Stunden
garen, bis sie fest ist. Abkühlen lassen,
in dünne Scheiben schneiden und auf
Salatblättern anrichten.

Basic-TIPP

Schön schaumig soll so eine Sabayon
sein. Und das wird sie, wenn sie erwärmt,
aber nicht gekocht wird, und man dabei
die Mischung kräftig aufschlägt. Damit
das auch gelingt, am besten eine Schüssel
wählen, die gerade in den Topf passt, also
am Topfrand Halt findet, und man sie so
beim Schlagen nicht halten muss. Zudem
das Wasser im Topf nur so hoch einfüllen,
dass die Schüssel gerade darüberhängt
und das Wasser nicht berührt. Ansonsten
wird das Ganze zu heiß und die Eigelbe
könnten gerinnen. Und: Ist die Schüssel
aus Metall, wird die Wärme besonders
gut weitergeleitet. Hat sie einen rund gewölbten Boden, macht das das Schlagen
noch ein bisschen einfacher.

Auberginen-kaviar mit Ofentomaten

Gemüse-Hits aus dem Süden

Zutaten für 4 Personen:
600 g Auberginen
600 g kleine Tomaten
1 Zweig Lavendel oder Rosmarin
1 TL Anis- oder Fenchelsamen
8 EL Olivenöl | 1 TL Honig oder Zucker
Salz | Pfeffer
1 junge weiße oder rote Zwiebel
2 Knoblauchzehen
6 Stängel Basilikum | 2 EL Zitronensaft

Zubereitungszeit: 30 Minuten
+ 1 Stunde 10 Minuten Backen
Kalorien pro Portion: 230 kcal

1_Den Backofen auf 250 Grad vorheizen (auch schon jetzt einschalten: 220 Grad Umluft). Das Backblech mit Backpapier auslegen. Die Auberginen waschen und die Stiele abschneiden. Auberginen mehrmals mit einem Messer einstechen und auf dem Backblech in den Ofen (Mitte) schieben. Etwa 30 Minuten backen, bis die Haut fast schwarz ist.

2_Die Auberginen aus dem Ofen nehmen und lauwarm abkühlen lassen. Backofen auf 180 Grad (160 Grad Umluft) herunterschalten. Die Tomaten waschen und halbieren, mit den Schnittflächen nach oben in eine ofenfeste Form legen. Lavendel oder Rosmarin waschen und trockenschütteln. Mit Anis- oder Fenchelsamen fein hacken und mit 3 EL Olivenöl, dem Honig oder Zucker, Salz und Pfeffer verrühren. Die Mischung auf den Tomaten verstreichen. Tomaten im Ofen (Mitte) in etwa 40 Minuten leicht bräunen.

3_Die Zwiebel und den Knoblauch schälen und fein hacken. In einer kleinen Pfanne 1 EL Olivenöl erhitzen. Darin Zwiebel und Knoblauch bei mittlerer Hitze 3–4 Minuten andünsten. Die Basilikumblättchen von den Stängeln abknipsen und fein hacken.

4_Auberginen halbieren, Fleisch mit dem Löffel von den Schalen abstreifen und fein hacken. Zwiebelmischung, Basilikum und übriges Öl unter die Auberginen mischen. Mit Zitronensaft, Salz und Pfeffer würzen.

5_Tomaten aus dem Ofen holen, lauwarm abkühlen lassen und mit dem Auberginenkaviar und knusprigem Baguette oder auch gerösteten Brotscheiben servieren.

Lachstatar mit Pistou

Superfeine Vorspeise – ganz einfach

Zutaten für 4 Personen:
Für das Tatar:
1/2 Bio-Zitrone
1/2 TL Pfefferkörner (getrocknete schwarze oder frische grüne)
250 g ganz frischer, roher Lachs (nach Sushi-Qualität fragen!)
Salz
75 g geräucherter Lachs
1 EL Olivenöl
Für das Pistou:
2 Knoblauchzehen
1 Bund Basilikum
4 EL Olivenöl
Salz | Pfeffer
1 Spritzer Zitronensaft
(von der Zitrone fürs Tatar)

Zubereitungszeit: 30 Minuten
+ 2 Stunden Kühlen
Kalorien pro Portion: 295 kcal

1_Für das Tatar die Zitronenhälfte heiß waschen und abtrocknen, Schale hauchdünn abschneiden und mit den Pfefferkörnern sehr fein hacken. 1 EL Zitronensaft (plus 1 Spritzer mehr für das Pistou) auspressen.

2_Den frischen Lachs mit den Fingern abtasten. Falls Gräten zu spüren sind, mit einer Pinzette rausziehen. Frischen Lachs fein hacken und mit der Zitronenschalenmischung, Zitronensaft und Salz mischen, 2 Stunden kühl stellen.

3_Dann auch den geräucherten Lachs fein schneiden und mit dem Olivenöl unter den frischen Lachs rühren. Abschmecken.

4_Für das Pistou den Knoblauch schälen und fein hacken. Die Basilikumblättchen abknipsen und klein schneiden. Beides mit dem Olivenöl fein mixen. Mit Salz, Pfeffer und Zitronensaft abschmecken.

5_Das Lachstatar auf Tellern verteilen. Das Pistou in feinen Spiralen darüberlaufen lassen. Gleich servieren!

Kartoffel-Lauch-Süppchen

Gekühlt heißt sie Vichyssoise und warm Potage parmentier

Zutaten für 4 Personen:
400 g vorwiegend festkochende Kartoffeln
400 g Lauch
2 EL Butter (am besten gesalzene)
1 l Hühnerbrühe (Gemüsebrühe geht aber genauso)
100 g Crème fraîche
Salz | Pfeffer
Kerbel- oder zarte Petersilienblättchen oder Schnittlauchhalme zum Bestreuen

Zubereitungszeit: 30 Minuten
Kalorien pro Portion: 310 kcal

1_Die Kartoffeln schälen, waschen und in kleine Würfel schneiden. Vom Lauch die Wurzelbüschel und die dunkelgrünen Teile abschneiden. Den Lauch der Länge nach aufschneiden und unter fließendem Wasser gründlich waschen, auch zwischen den Schichten. Den Lauch in feine Streifen schneiden.

2_Butter in einem großen Topf erhitzen. Kartoffeln und Lauch einrühren und kurz andünsten. Mit der Brühe aufgießen und zum Kochen bringen. Den Topfdeckel auflegen und die Suppe 15–20 Minuten bei mittlerer Hitze garen, bis das Gemüse sehr weich ist. Suppe im Topf mit dem Pürierstab oder im Mixer fein pürieren. (Wer die Suppe ganz glatt haben möchte, streicht sie zusätzlich durch ein Sieb.) Die Crème fraîche unterrühren und die Suppe mit Salz und Pfeffer abschmecken.

3_Für die warme **Potage parmentier** jetzt nur noch die Kräuterblättchen fein hacken oder den Schnittlauch in kleine Röllchen schneiden, auf die heiße Suppe streuen und gleich servieren.

4_Für die kalte **Vichyssoise** die Suppe abkühlen lassen, noch mal abschmecken und für mindestens 2 Stunden in den Kühlschrank stellen, bis sie richtig kalt ist. Ist es soweit, die Kräuter schneiden, aufstreuen und die Suppe servieren.

Basic:

Ein gutes Restaurant (wie auch ein gutes Kochbuch) erkennt man ganz einfach an der Grundbrühe, die es dort gibt. Die französische wird mit Rindfleisch zubereitet und trägt den schönen Namen „consommé". Und wenn sie ganz besonders klar und kraftvoll ist, heißt sie: „consommé double". Wie man das erreicht, verraten wir hier.

„Klärfleisch" heißt das Zauberwort. Das ist möglichst mageres und eiweißreiches Rindfleisch (ideal aus der muskulösen Wade, auch Hesse genannt), das samt Gemüse grob gewolft (also durch den Fleischwolf gedreht) und dann mit Eiklar vermischt wird. Kocht eine kräftige Brühe damit langsam auf, wird sie zum einen noch gehaltvoller, zum anderen bindet das im Muskelfleisch enthaltene Eiweiß dabei alles an sich, was in der Brühe noch herumfliegt und sie trüb macht. Wenn man das Klärfleisch dann vorsichtig entfernt und die Consommé anschließend noch vorsichtiger durch ein feines Sieb laufen lässt, das mit einem Tuch ausgelegt ist (im Handel gibt es dafür spezielle Passiertücher, doch ein Küchenhandtuch geht auch – das Passieren dauert damit nur länger, weil das Tuch feiner gewebt ist) nennt sich das Ganze schließlich geklärte Kraftbrühe – Consommé double.

2

Consommé double

Zutaten für 4–6 Personen:
600 g Rinderknochen (keine Mark-
knochen!)
800 g Suppenfleisch vom Rind
(z. B. aus der Brust)
1 kleines Lorbeerblatt
1 Nelke
10 weiße Pfefferkörner
2 Möhren
150 g Knollensellerie
1 Stange Lauch
1 Zwiebel
700 g möglichst mageres Rindfleisch
zum Kochen (z. B. Wade bzw. Hesse)
1 Eiweiß (Größe M)
Salz

Zubereitungszeit: 45 Minuten
+ 5 Stunden Garen
+ 15 Minuten Ziehen
Kalorien pro Portion (bei 6 Personen):
150 kcal

1_In einem großen Topf etwa 3 l Wasser aufkochen. Knochen hineingeben und kurz kochen lassen, dann alles in ein Sieb gießen. Knochen mit kaltem Wasser abspülen, um Blutreste zu entfernen (Bild 1). Knochen mit 4 l kaltem Wasser aufsetzen und aufkochen, dann etwa 3 Stunden bei geringer Hitze leise sieden lassen.

2_Das Suppenfleisch samt Lorbeerblatt, Nelke und Pfefferkörnern dazugeben und alles noch 1 Stunde kochen lassen.

3_Möhren und Sellerie schälen. Lauch putzen, längs aufschneiden und unter fließendem Wasser abspülen. Die Hälfte des Gemüses grob schneiden. Die Zwiebel waschen, von losen Schalen befreien und quer halbieren. Die Zwiebelschnittflächen in einer Pfanne bei starker Hitze dunkelbraun rösten. Grob geschnittenes Gemüse und Zwiebel zur Suppe geben (Bild 2) und alles 1 weitere Stunde kochen lassen.

4_Gemüse, Fleisch und Knochen mit dem Schaumlöffel aus der Consommé heben und diese behutsam durch ein feines Sieb in einen zweiten Topf schöpfen. Consommé erneut aufkochen und erkalten lassen.

5_Inzwischen übriges Gemüse und das magere Rindfleisch grob schneiden und gemeinsam durch den Fleischwolf drehen (grobe Scheibe), dann das Klärfleisch mit dem Eiweiß vermischen.

6_Klärfleisch gleichmäßig unter die kalte Consommé mischen (Bild 3), dann bei geringer bis mittlerer Hitze langsam aufkochen lassen. Dabei zu Anfang öfter mal sanft durchrühren, damit das Fleisch nicht ansetzt und anbrennt. Sobald aber die Consommé heißer wird und das Klärfleisch zu stocken beginnt, nicht mehr rühren.

7_Consommé langsam aufkochen lassen, die Hitze ausschalten und die Consommé etwa 15 Minuten ziehen lassen. Dann mit einem Schaumlöffel ganz vorsichtig so viel Klärfleisch wie möglich entfernen.

8_Ein feines Sieb in einen dritten Topf hängen, mit einem feinen Tuch auslegen. Vorsichtig die Consommé in das Sieb schöpfen und langsam durch das Tuch

laufen lassen (Bild 4). Dabei verbliebenes Klärfleisch im Topf nicht aufrühren und Klärfleisch im Sieb nicht ausdrücken, damit die Consommé double nicht trüb wird.

9_Schweben nun an der Oberfläche noch Fettaugen, ein Stück Küchenpapier auf die Consommé double legen und das Papier behutsam zur Seite hin wegziehen. Jetzt noch leicht salzen, aufkochen – und fertig ist die Kraftbrühe von intensivem Braun und brillantem Glanz. Am besten mit Eierstich oder Fleischklößchen servieren.

Fisch &
Meeresfrüchte

Glückliches Frankreich: Es grenzt nicht nur an einige der besten (früher zumindest) Fanggründe von Mittelmeer und Atlantik, dazwischen hat es auch
noch ein paar mächtige Flüsse. Und so kommen die edelsten Ölsardinen wie
die feinsten Krebse von dort, in jeder größeren Hafenstadt gibt es mindestens
eine Restaurantterrasse zum Ausstellen schillernder Meeresfrüchteplatten, und
ein guter Fisch in der Pfanne ist in französischen Küchen so selbstverständlich
wie das Huhn im Topf. Machen wir das den Franzosen nach – Anleitung folgt.

Profis
Liebling

Fines herbes

Die feinen Kräuter sind das zarte Gegenstück zum etwas derberen „bouquet garni" (Seite 30) und kommen dann zum Einsatz, wenn subtile Aromen statt großer Geschmack gefragt sind – etwa beim Pochieren von Fisch, in samtigen Saucen, beim Dünsten von empfindlichen Zutaten. Die Basis sind die „Bodenständigen" – Petersilie und Schnittlauch –, dazu gesellen sich für den Esprit Estragon und Kerbel. Für kräftigere Würzungen können noch die „bouquet garni"-Kräuter ergänzt werden.

Parlez-vous cuisine?

poisson	Fisch
anguille	Aal
cabillaud	Kabeljau
calmar	Tintenfisch
carpe	Karpfen
coquilles St. Jaques	Jakobsmuscheln
crabe	Krabbe
crevette	Garnele
dorade	Goldbrasse
écrevisse	Flusskrebs
homard	Hummer
huîtres	Austern
lotte de mer	Seeteufel
moules	Miesmuscheln

Franck, der Saucier

Beurre rouge

Sie ist das kraftvolle rote Gegenstück zur feinen „beurre blanc" mit Weißwein (Seite 77). Und wenn man sich an Aïoli, Vinaigrette und Hollandaise (Seite 31, 55 und 107) schon versucht hat, kann bei dieser sehr puren Sauce nichts mehr schiefgehen. Sie passt sehr gut zu Fisch und Meeresfrüchten mit starkem Aroma wie etwa gebratener Seeteufel, gegrillte Rotbarben oder auch Oktopus.

Für 1/4 l Sauce 3 Schalotten schälen und fein würfeln. Mit 1 EL Rotweinessig und 150 ml trockenem Rotwein sowie 100 ml Fischfond (aus dem Glas) bei starker Hitze auf 100 ml Flüssigkeit einkochen. Diese durch ein feines Sieb gießen, ganz leicht mit Salz und weißem Pfeffer würzen und dann bei kleiner Hitze nach und nach 150 g eiskalte Butter in Stückchen unterrühren, bis jeweils wieder eine glatte Sauce entstanden ist. Dann nach Wunsch aufschäumen und sofort servieren.

Chef de partie

Poissonnier

Fischköche sind oft die entspanntesten Köche in der Küchenbrigade. Sie müssen sich nicht mit großen Tieren und störrischen Metzgern herumschlagen, dürfen stets das Feinste, Frischeste, Beste verlangen. Dabei haben sie ihre Produkte von Anfang bis Ende in der Hand, und sie bleiben auch dann ruhig, wenn es um sie herum hoch hergeht – Fleisch ist eben beliebter als Fisch. Und wenn ein „poissonnier" diese Ruhephase nutzt, um Kollegen im Stress zu helfen, muss man ihn sich als einen glücklichen Menschen vorstellen.

Les petites nations   # Provence

Ah, „la Provence" … Sofort spielen sich ganze Romane im Kopf ab (und da gibt es ja tatsächlich einige), wenn von Frankreichs Tor zum Mittelmeer die Rede ist. Noch mehr nährt die Provence aber Kochbücher: Oliven und deren Öle aus Nyons, Melonen aus Cavalllon, „saucissons" (Würstchen) aus Arles, „nougat" aus Montélimar, dazu Knoblauch, Lavendel und alle Kräuter, welche die Mittelmeer-Region hergibt plus weltberühmte Gerichte mit so lustigen Namen wie „aïoli", „bouillabaisse" und „ratatouille" – keine Region Frankreichs trägt so viele kulinarische Markenzeichen wie die Provence. Und nirgends wird eine so bunte Fisch- und Meeresfrüchteküche gepflegt wie hier, wenn auch das Angebot auf den Märkten immer mehr schrumpft. Wovon die Provence dagegen genug hat, sind Weine in Massen – inzwischen versucht man da aber auf mehr Qualität zu achten, sodass jeder an den Rosés Tavel oder Clairet wieder Spaß haben kann.

Bouillabaisse

Echte Berühmtheit von der
französischen Küste

Zutaten für 4–6 Personen:
800 g gemischte Fischfilets (z.B. von
Meerbarben, Rotbarben, Knurrhahn,
St.-Petersfisch; wer den Fischfond gern
selber kochen will, nimmt Köpfe und
Gräten mit nach Hause)
Salz │ Pfeffer │ 1 EL Zitronensaft
1 rote oder weiße Zwiebel
oder 4 Frühlingszwiebeln
4 Knoblauchzehen │ 1 Knolle Fenchel
2 festkochende Kartoffeln
1/2 Bund Petersilie │ 4 EL Olivenöl
1 TL Anis- oder Fenchelsamen
2 EL Noilly Prat
1/2 l Fischfond (aus dem Glas oder
selbst gemacht wie im Tipp)
1 Döschen Safranfäden (0,1 g)
250 g Tomaten
400 ml trockener Weißwein (ersatzweise
Fischfond) │ 1 TL Tomatenmark
Zum Servieren:
geröstete Brotscheiben (Tipp Seite 39)
und Aïoli (Seite 31)

Zubereitungszeit: 1 Stunde
Kalorien pro Portion (bei 6 Personen):
350 kcal

1_Zuerst bei den Fischfilets den Gräten-
test machen: mit den Fingerspitzen da-
rüberstreichen. Sobald man eine Gräte
aufgespürt hat, wird die mit der Pinzette
vorsichtig aus dem Fischfleisch gezogen.
Die Fischfilets abbrausen, trockentupfen
und in mundgerechte Stücke (2–3 cm)
schneiden. Leicht salzen und pfeffern
und den Zitronensaft darüberträufeln.

2_Zwiebel schälen, vierteln und in dünne
Streifen schneiden oder Frühlingszwiebeln
waschen, putzen und in Ringe schneiden.
Knoblauch schälen und fein schneiden.
Den Fenchel waschen und vierteln, den
Strunk und alle welken Teile und die Stiele

abschneiden. Fenchel in dünne Scheiben schneiden. Kartoffeln schälen, waschen und in dünne Scheiben hobeln. Die Petersilie waschen und trockenschütteln, die Blättchen abzupfen und fein hacken. Etwa 1/2 EL davon zugedeckt wegstellen.

3_In einem großen Topf Öl warm werden lassen. Zwiebel(n), Knoblauch und Anis- oder Fenchelsamen mit der Petersilie einrühren und andünsten. Die Kartoffel- und Fenchelscheiben dazugeben und kurz mitdünsten. Noilly Prat darüberlöffeln und verdampfen lassen, Fond aufgießen. Safran mit den Fingern zerkrümeln, einrühren. Alles salzen, pfeffern und zugedeckt bei mittlerer Hitze etwa 10 Minuten köcheln lassen, bis die Kartoffeln weich sind.

4_Inzwischen aus den Tomaten die Stielansätze rausschneiden. Die Tomaten mit kochend heißem Wasser überbrühen, kurz ziehen lassen, abschrecken und die Haut abziehen. Die Tomaten würfeln.

5_Wein, Tomaten und Tomatenmark mit in den Topf geben und untermischen. Suppe nochmals 5 Minuten köcheln lassen. Abschmecken (wenn sie sehr säuerlich ist, muss etwas Zucker oder Honig dazu). Die Filets einlegen, Hitze klein stellen, Deckel auflegen und den Fisch in der Suppe in 10 Minuten gar ziehen lassen. Vor dem Servieren übrige Petersilie aufstreuen.

TIPP: Fischfond homemade
Dafür 800 g Gräten und Köpfe von Edelfischen (z.B siehe Zutatenliste links, die Kiemen entfernen lassen) mit 2 l Wasser 20 Minuten sanft köcheln lassen. Dann den Fond durch ein Sieb gießen. 2 Möhren, 2 Stangen Staudensellerie und 1 Stange Lauch schälen oder waschen, putzen und würfeln. Mit 4 Petersilienstängeln und 2 Lorbeerblättern mit dem Fond wieder erhitzen und in 30 Minuten bei mittlerer Hitze auf die Hälfte einkochen lassen. Durchs Sieb gießen, salzen und pfeffern.

Muscheln mit Kräutersahne
Heute mit cremiger Sauce

Zutaten für 4 Personen:
3 kg Miesmuscheln
4 Schalotten
4 Knoblauchzehen
1/2 Bund Petersilie
je 3–4 Stängel Basilikum, Estragon oder Sauerampfer und Thymian
1 EL Butter (eventuell gesalzene)
1/2 l trockener Weißwein
Salz | Pfeffer
1 Prise Zucker
150 g Crème fraîche
1 TL körniger Senf

Zubereitungszeit: 25 Minuten
Kalorien pro Portion: 340 kcal

1_Die Muscheln unter fließendem kaltem Wasser gründlich waschen. Alle Muscheln, die sich dabei nicht schließen, aussortieren und wegwerfen.

2_Die Schalotten und den Knoblauch schälen und fein hacken. Kräuter waschen und trockenschütteln, Blättchen abzupfen und fein hacken. Etwa 1/2 EL davon beiseitelegen.

3_Die Butter in einem großen, weiten Topf schmelzen lassen. Schalotten und Knoblauch mit den Kräutern einrühren und andünsten. Wein dazuschütten und aufkochen. Sud mit Salz, Pfeffer und dem Zucker abschmecken. Die Muscheln in den Topf füllen und den Deckel auflegen. Die Muscheln etwa 5 Minuten bei starker Hitze garen. Den Topf ab und zu rütteln, damit die Muscheln gleichmäßig garen.

4_Muscheln aus dem Topf heben und in eine große Schüssel füllen, dabei alle geschlossenen Muscheln aussortieren und wegwerfen. Crème fraîche und Senf unter den Sud rühren. Restliche Kräuter untermischen und die Sauce mit Salz und Pfeffer abschmecken, über die Muscheln gießen. Mit reichlich Baguette zum Saucetunken auf den Tisch stellen.

VARIANTE: Venusmuscheln im Weinsud
1 Bund Petersilie waschen und trockenschütteln und 4 Knoblauchzehen schälen. Beides fein hacken und mit 2 TL Fenchelsamen in 2 EL Olivenöl andünsten. Mit 1/4 l Weißwein aufgießen, salzen und pfeffern, aufkochen. 2 kg Venusmuscheln waschen und dazugeben und zugedeckt 4–5 Minuten bei starker Hitze garen. Mit Baguette essen.

Rotbarben in Safranbutter

Blitzschnelle Gourmetküche

Zutaten für 4 Personen:
8 küchenfertige Rotbarben
(je etwa 150 g)
1 Bio-Zitrone | 8 Zweige Thymian
Salz | Pfeffer
80 g Butter
1 Döschen Safranfäden (0,1 g)

Zubereitungszeit: 20 Minuten
Kalorien pro Portion: 360 kcal

1_Rotbarben innen und außen waschen, trockentupfen. Zitrone heiß waschen und abtrocknen, die Hälfte der Schale fein abreiben. Die Zitrone in Spalten schneiden. Thymian waschen und trockenschütteln. Die Fische innen und außen salzen und pfeffern, außen mit der Zitronenschale bestreuen. In die Bäuche je 1 Thymianzweig legen.

2_Die Butter in einer großen Pfanne zerlaufen lassen. Safran mit den Fingern zerkrümeln und einrühren. Die Fische in die würzige Butter legen und bei mittlerer

Hitze pro Seite 3–4 Minuten braten. Mit der Butter auf vorgewärmten Tellern verteilen, Zitronenspalten dazulegen. Dazu gibt's Baguette oder Bratkartoffeln.

Garnelen mit Fenchel und Pastis

Geniale Mischung

Zutaten für 4 Personen:
2 kleine Knollen Fenchel (mit möglichst viel Grün)
4 Knoblauchzehen
300 g Kirschtomaten
500 g geschälte, rohe oder gegarte Garnelen
4 EL Olivenöl
Salz | Pfeffer
2 TL Fenchelsamen
50 ml trockener Weißwein
50 ml Pastis

Zubereitungszeit: 25 Minuten
Kalorien pro Portion: 295 kcal

1_Den Fenchel waschen, welke Stellen und Stiele abschneiden, das zarte Grün für später weglegen. Aus dem Fenchel jeweils den Strunk wie einen Keil herausschneiden. Fenchel quer in feine Scheiben schneiden oder hobeln. Den Knoblauch schälen und in feine Scheiben schneiden. Tomaten waschen und halbieren oder vierteln – je nachdem, wie groß sie sind.

2_Garnelen kurz waschen und abtropfen lassen. Wer rohe Garnelen besorgt hat, muss sie erst einmal braten. In dem Fall das Öl in einer Pfanne erhitzen. Darin die rohen Garnelen unter Rühren bei mittlerer Hitze etwa 1 Minute braten, bis sie sich rötlich färben. Salzen, pfeffern und aus der Pfanne nehmen. Gegarte Garnelen erst mal neben den Herd stellen.

3_Die mit den rohen Garnelen nehmen die Pfanne einfach weiter. Die mit den gegarten erhitzen jetzt das Öl in der Pfanne. In jedem Fall nun Fenchel, Knoblauch und Fenchelsamen in die Pfanne geben und unter Rühren bei mittlerer Hitze 4–5 Minuten braten, bis der Fenchel bissfest ist. Mit dem Wein und dem Pastis ablöschen und die Tomaten unterrühren. Einmal aufkochen lassen. Mit Salz und Pfeffer würzen. Garnelen untermischen

und gut erwärmen. Das Fenchelgrün fein hacken und vorm Servieren aufstreuen. Dazu schmeckt Baguette oder auch das Kartoffelpüree mit Oliven von Seite 114.

Seeteufel mit Orangen und Tomaten

Leicht und erfrischend würzig

Zutaten für 4 Personen:
4 Seeteufelkoteletts (jedes 180–200 g oder 8 entsprechend kleinere)
Salz | Pfeffer
4 zarte Stangen Staudensellerie (mit viel Grün)
2 Tomaten | 3 Bio-Orangen
4 Stängel Estragon (ersatzweise doppelt so viel Thymian nehmen)
2 EL Olivenöl | 2 EL Butter
4 EL Orangenlikör (nach Belieben)
1/8 l Fischfond (aus dem Glas)
1 TL Zucker oder Honig

Zubereitungszeit: 35 Minuten
Kalorien pro Portion: 480 kcal

1_Den Fisch waschen, trockentupfen und mit Salz und Pfeffer würzen. Den Sellerie waschen, die Enden abschneiden und dabei sich lösende Fäden abziehen. Den Sellerie in dünne Scheiben schneiden, die Sellerieblättchen abzupfen und aufheben.

2_Tomaten mit kochend heißem Wasser überbrühen, abschrecken und die Haut abziehen, Stielansätze herausschneiden. Tomaten halbieren und leicht zusammenpressen, dabei die Kerne herausdrücken, abstreifen. Die Tomatenhälften in nicht zu dünne Streifen schneiden.

3_1 Orange heiß waschen und abtrocknen, die Schale dünn abschneiden und in feine Streifen schneiden. Saft auspressen. Von den beiden anderen Orangen die Schale Streifen für Streifen so abschneiden, dass auch die weiße Haut mit entfernt wird. Die Orangenfilets zwischen den Trennhäuten herausschneiden. Estragon waschen und trockenschütteln, Blättchen abzupfen und zum Selleriegrün legen.

4_Das Öl und die Butter in einer Pfanne mit Deckel warm werden lassen. Die Seeteufelkoteletts einlegen und bei starker Hitze auf beiden Seiten kräftig anbraten. Wieder herausnehmen.

5_Hitze zwischen mittlerer und schwacher Stufe einstellen. Den Sellerie im Bratfett andünsten. Wer mag, gießt jetzt den Likör dazu und lässt ihn zischend verdampfen. Dann Fond und Orangensaft dazugeben und aufkochen lassen. Tomaten, Selleriegrün und Estragon dazugeben, die Sauce mit der Orangenschale, Salz, Pfeffer und Zucker oder Honig abschmecken. Fischkoteletts in die Sauce legen und zugedeckt 5 Minuten ziehen lassen. Dann die Orangenfilets auflegen und alles weitere 2 Minuten garen, bis die Filets heiß sind. Dazu schmeckt Reis oder Baguette.

VARIANTE: Seeteufel mit Rotweinschalotten

300 g Schalotten schälen und in Streifen schneiden. 4 Knoblauchzehen schälen und fein hacken. Beides mit 1/2 TL Anissamen in 1 EL Öl andünsten. Mit 150 ml Rotwein und 1 EL Rotweinessig ablöschen. Mit 1 EL Honig, Salz und Pfeffer würzen und offen etwa 5 Minuten bei schwacher Hitze köcheln lassen. 4 Seeteufelkoteletts (je 180–200 g) waschen, trockentupfen, salzen, pfeffern und auf die Schalotten legen. Zugedeckt in etwa 7 Minuten gar ziehen lassen.

Seezungen-röllchen mit Champagner

Edler geht's fast nicht

Zutaten für 4 Personen:
1 Scheibe Weißbrot vom Vortag
(etwa 40 g)
200 g Sahne
2 EL Noilly Prat (nach Belieben)
1/2 Bio-Zitrone
1 Handvoll Kerbel (auch fein:
3–4 Blätter Sauerampfer)
Salz │ Pfeffer
12–16 Seezungenfilets (etwa 600 g)
60 g Butter
2 Schalotten
3/8 l Champagner (ersatzweise geht
auch ein guter Sekt, z. B. Rieslingsekt)
12 Zahnstocher

Zubereitungszeit: 35 Minuten
Kalorien pro Portion: 500 kcal

1_Vom Brot die Rinde abschneiden. Das Brot würfeln und in einer Schüssel mit 6 EL Sahne und eventuell dem Noilly Prat beträufeln und 10 Minuten stehen lassen.

2_Die Zitronenhälfte heiß waschen und abtrocknen, die Hälfte der Schale fein abreiben, 2 TL Saft auspressen. Kerbel waschen und trockenschütteln, die Blättchen von den Stielen abknipsen und fein hacken. Das Brot fein pürieren. Zitronenschale und Kerbel untermischen, die Brotmasse salzen und pfeffern.

3_Seezungenfilets waschen und trockentupfen. Mit der Seite, an der die Haut war (es ist die glattere), nach unten auf ein Küchenbrett legen. Die Brotmasse ganz dünn auf dem Fischfleisch verstreichen. Fischfilets aufrollen, die Enden mit den Zahnstochern feststecken und die Röllchen salzen und pfeffern.

4_Einen Dämpfeinsatz mit wenig Butter einstreichen, die Röllchen nebeneinander hineinsetzen und auf jedes Röllchen ein kleines Stück Butter legen.

5_Schalotten schälen und fein hacken. Mit dem Champagner und 50 ml Wasser in einen Topf geben und den Sud kräftig aufkochen lassen. Dämpfeinsatz hineinsetzen, den Deckel auflegen und die Seezungenröllchen über dem heißen Dampf etwa 5 Minuten garen. Dann zugedeckt warm stellen.

6_Sud durch ein Sieb in einen Topf gießen, in 2–3 Minuten bei starker Hitze auf die Hälfte einkochen. Die übrige Sahne unterrühren und leicht einkochen. Restliche Butter klein würfeln und unterschlagen. Sauce mit Salz, Pfeffer und Zitronensaft würzen. Fischröllchen auf vorgewärmte Teller legen, die Sauce darüberlöffeln. Am besten mit Reis und Blattspinat servieren.

Forellen in Weißweinsauce

So gelingen ganze Fische immer

Zutaten für 4 Personen:
4 küchenfertige, kleine Forellen (jede um die 300 g, Ersatz: Saiblinge)
Salz │ Pfeffer │ 2 EL Mehl
4 Schalotten │ 50 g Butter
1/4 l trockener Weißwein
1 Bund gemischte Kräuter (z. B. Kerbel oder Petersilie, Zitronenmelisse und Schnittlauch) │ 125 g Crème fraîche

Zubereitungszeit: 25 Minuten
Kalorien pro Portion: 500 kcal

1_Die Forellen waschen, trockentupfen und innen und außen mit Salz und Pfeffer würzen. Mehl auf einen Teller schütten und die Fische mit beiden Seiten hineindrücken. Dann leicht schütteln, um überschüssiges Mehl zu entfernen.

2_Den Backofen auf 50 Grad (Ober- und Unterhitze) schalten. Schalotten schälen und in feine Ringe schneiden. Die Butter in einer großen Pfanne (mit Deckel!) zerlaufen lassen. Die Fische darin bei starker Hitze pro Seite knapp 2 Minuten braten. Aus der Pfanne nehmen. Die Hitze auf mittlere Stufe schalten, die Schalotten in der Butter andünsten. Mit Wein ablöschen, salzen, pfeffern und die Fische wieder in die Pfanne legen. Den Deckel auflegen und die Fische etwa 12 Minuten garen. Nach ungefähr der Hälfte der Zeit umdrehen.

3_Inzwischen die Kräuter waschen und trockenschütteln, die Blättchen fein schneiden. Gegarte Fische aus der Sauce heben und auf einer Platte im Ofen (Mitte) warm stellen. Die Crème fraîche unter die Sauce rühren, kräftig aufkochen lassen. Kräuter untermischen und die Sauce mit Salz und Pfeffer abschmecken. Über den Fischen verteilen. Und gleich auf den Tisch damit! Dazu passen Kartoffeln und Salat.

VARIANTE: Ofensardinen
800 g küchenfertige Sardinen waschen, trockentupfen, in eine ofenfeste Form legen. 1/2 Bund Petersilie waschen und trockenschütteln, 8 Knoblauchzehen schälen und beides mit der Schale von 1/2 Bio-Zitrone hacken. Mit 200 ml Weißwein und 2 EL Olivenöl mischen, über die Fische gießen. Dann im 200 Grad heißen Backofen (Mitte, 180 Grad Umluft) 20 Minuten garen.

Jakobsmuscheln mit Buttersauce

Die Beurre blanc macht's

Zutaten für 4 Personen:
3 Schalotten
100 ml trockener Weißwein
50 ml Weißweinessig | 1 EL Sahne
200 g gesalzene Butter | Salz | Pfeffer
8–16 Jakobsmuscheln (je nach Größe, etwa 600 g) | 2 TL Zitronensaft
Kerbelblättchen zum Bestreuen

Zubereitungszeit: 20 Minuten
Kalorien pro Portion: 535 kcal

1_Schalotten schälen und fein würfeln. Mit dem Weißwein und dem Essig in einem Topf erhitzen und bei mittlerer Hitze offen etwa 5 Minuten vor sich hin köcheln lassen, bis die Flüssigkeit fast verdampft ist. Die Sahne unterrühren, die Hitze reduzieren.

2_Von der Butter 1 EL abnehmen und beiseitelegen, den Rest in kleine Stücke schneiden. Butterstückchen nach und nach unter die Schalottensahne schlagen. Die Sauce pfeffern und leicht salzen und zugedeckt neben dem Herd heiß halten.

3_Die beiseitegelegte Butter in einer Pfanne erhitzen. Jakobsmuscheln mit dem Zitronensaft beträufeln, leicht salzen und pfeffern. In der heißen Butter bei starker Hitze pro Seite 1 Minute braten. Auf vorgewärmte Teller geben, mit der Buttersauce beschöpfen. Ganz heiß mit Kerbelblättchen bestreut servieren.

Gebratener Oktopus auf Linsen

Ungewöhnlich und einfach gut

Zutaten für 4 Personen:
Für den Oktopus:
1 küchenfertiger Oktopus (etwa 1 kg)
1 Bio-Zitrone
je 2 Zweige Rosmarin, Thymian
und Salbei
2 Lorbeerblätter
2 TL Pfefferkörner
Salz
2 EL Butter
1 EL Öl
2 EL Noilly Prat (nach Belieben)
Pfeffer
Für die Linsen:
1 Stück Knollensellerie (100 g, ersatzweise 1–2 Stangen Staudensellerie)
1 Möhre
2 Schalotten
50 g durchwachsener Räucherspeck
1 EL Butter
200 g grüne Linsen (Puy-Linsen)
1/2 l Gemüsefond (aus dem Glas)
je 3 Zweige Thymian, Petersilie
und Estragon
1 Messerspitze Tomatenmark
1 Messerspitze abgeriebene Bio-
Zitronenschale (von der Zitrone für
den Oktopus)
Salz | Pfeffer
1–2 EL Weißweinessig
je 3 TL Dijon-Senf und grober Senf
150 g Sahne

Zubereitungszeit: 1 1/2 Stunden
Kalorien pro Portion: 655 kcal

1_Oktopus waschen und in einen Topf legen. So viel Wasser dazugießen, dass der Oktopus gerade davon bedeckt ist.

2_Zitrone heiß waschen und abtrocknen, 1/4 TL Schale fein abreiben (davon ist 1 Messerspitze für die Linsen). Zitrone in Scheiben schneiden. Kräuter waschen und mit Küchengarn zusammenbinden. Zitronenscheiben und Kräuterbündel mit Lorbeerblättern und Pfefferkörnern zum Oktopus geben, salzen und zum Kochen bringen. Die Hitze etwas höher als kleine Stufe einstellen und den Deckel halb auf-legen – am besten einen Kochlöffel zwi-schen Topf und Deckel klemmen. Oktopus 40–60 Minuten leise köcheln lassen, bis er schön weich ist. Das prüft man mit dem Messer: Der Oktopus muss sich so weich einstechen lassen wie Butter.

3_Inzwischen für die Linsen den Sellerie, die Möhre und die Schalotten schälen und fein würfeln. Von dem Speck die Schwarte abschneiden. Den Speck in kleine Stücke schneiden, dabei alle Knorpel entfernen. Die Butter im Topf warm werden lassen. Speck, Sellerie, Möhre und Schalotten einrühren und andünsten, bis alles glasig aussieht. Linsen im Sieb kurz abspülen und dazugeben. Mit dem Gemüsefond aufgießen. Kräuter waschen und einlegen. Die Linsen zugedeckt bei schwacher Hitze in etwa 40 Minuten weich, aber nicht zu weich garen.

4_Den weich gegarten Oktopus in ein Sieb schütten, abschrecken. Die violette Haut so gut wie möglich mit den Fingern abschrubben. Die Fangarme in mundge-rechte Stücke schneiden. Den Kopf (das ist das beutelartige Teil) in dünne Ringe schneiden. Jetzt ist noch der Körper übrig. Diesen in dünne Scheiben schneiden und dabei das in der Mitte sitzende, harte Teil wegschneiden.

5_Die Kräuter aus den Linsen fischen. Die Linsen mit Tomatenmark und Zitronen-schale mischen und mit Salz und Pfeffer und dem Essig abschmecken. Zugedeckt warm halten.

6_Für den Oktopus die Butter und das Öl in einer Pfanne heiß werden lassen. Den Oktopus untermischen und bei mitt-lerer Hitze 3–4 Minuten braten, bis er leicht gebräunt ist. Dabei immer wieder durchrühren. Wer mag, schüttet jetzt den Noilly Prat dazu und lässt ihn zischend verdampfen. Oktopus mit Salz, Pfeffer und der Zitronenschale abschmecken.

7_Beide Senfsorten mit 50 g Sahne in einem Topf warm werden lassen. Übrige Sahne steif schlagen und mit dem Schnee-besen rasch unter die Senfsahne ziehen. Leicht salzen.

8_Etwa die Hälfte der Senfsahne unter die Linsen mischen. Die Linsen auf Teller geben, den Oktopus darauf verteilen. Die restliche Senfsahne über Oktopus und Linsen löffeln. Gleich servieren. Dazu gibt es außerdem Baguette und vielleicht einen Blattsalat.

Wolfsbarsch auf Kartoffeln und Fenchel

Gleich mit Beilage gemacht

Zutaten für 4 Personen:
2 Knollen Fenchel
500 g vorwiegend festkochende Kartoffeln
2 Schalotten │ 4 Knoblauchzehen
6 EL Olivenöl
Salz │ Pfeffer
2 küchenfertige Wolfsbarsche (je gut 500 g, man kann aber auch 1 großen Wolfsbarsch mit gut 1 kg nehmen)
2 EL Zitronensaft
1/2 Bund Dill
1/8 l trockener Weißwein oder Fischfond (aus dem Glas)

Zubereitungszeit: 25 Minuten
+ 25 Minuten Braten
Kalorien pro Portion: 465 kcal

1_Den Backofen auf 200 Grad vorheizen (auch schon jetzt einschalten: 180 Grad Umluft). Fenchel waschen und alle welken Teile und die Stiele abschneiden. Grün beiseitelegen, Strunk aus der Mitte wie einen Keil herausschneiden. Den Fenchel quer in dünne Scheiben schneiden. Die Kartoffeln schälen, waschen und auch in dünne Scheiben teilen. Schalotten und Knoblauch schälen und fein schneiden.

2_Fenchel, Kartoffeln, Schalotten und Knoblauch mit 4 EL Öl in einer ofenfesten Form mischen. Salzen, pfeffern und etwa 20 Minuten im Ofen (Mitte) vorgaren.

3_Inzwischen die Fische waschen und trockentupfen. Innen mit dem Zitronenaft beträufeln, innen und außen mit Salz und Pfeffer würzen. Dill waschen und trockenschütteln, Spitzen abzupfen und mit dem Fenchelgrün fein schneiden. Kräuter mit Wein oder Fond unters Gemüse rühren. Fische darauflegen und mit dem übrigen Öl beträufeln. Im Ofen in etwa 25 Minuten fertig braten (der große Barsch braucht rund 5 Minuten länger). Mit dem Gemüse servieren. Dazu gibt's Baguette.

TIPP

Die Fische schmecken auch auf Sommergemüse toll. Einfach ein halbes Rezept Ratatouille (Seite 108) nehmen, Gemüse anbraten und in die Form geben. Fische darauflegen und alles 30 Minuten braten.

Gefüllter Lachs auf Sauerkraut

Feine Mischung aus dem Elsass

Zutaten für 4 Personen:
2 Schalotten │ 1 große Birne
3 EL Butter │ 1 EL Zucker
500 g Sauerkraut
1/4 l Champagner, Crémant oder trockener Cidre
Salz │ Pfeffer
8 dünne Scheiben Lachs (je etwa 70 g)
200 g weißfleischiges Fischfilet (z. B. St.-Petersfisch, Scholle oder Seeteufel)
1 Bund gemischte Kräuter (z. B. Dill, Kerbel, Estragon, Schnittlauch und Petersilie)
1/2 Bio-Zitrone │ 1 Eiweiß (Größe M)
100 g Sahne (gut gekühlt!)

Zubereitungszeit: 35 Minuten
+ 12 Minuten Braten
Kalorien pro Portion: 615 kcal

1_Schalotten schälen und fein schneiden. Die Birne vierteln, schälen, entkernen und in nicht zu dünne Scheiben schneiden. In einem Topf 1 EL Butter mit dem Zucker schmelzen. Die Schalotten und die Birne einrühren und kurz andünsten.

2_Sauerkraut mit zwei Gabeln auflockern und untermischen. Champagner, Crémant oder Cidre dazu, alles salzen, pfeffern und zugedeckt etwa 30 Minuten bei geringer Hitze dünsten. Ab und zu durchrühren.

3_Inzwischen den Lachs waschen, trockentupfen und ganz leicht salzen und pfeffern. Weißes Fischfilet klein würfeln und kühl stellen. Die Kräuter waschen und trockenschütteln und die Blättchen fein hacken. Die Zitronenhälfte heiß waschen und abtrocknen, die Schale fein abreiben.

4_Die hellen Fischwürfel mit dem Eiweiß fein pürieren, dabei die Sahne nach und nach dazufließen lassen. Die Kräuter und die Zitronenschale unterrühren und das Fischpüree salzen und pfeffern.

5_Den Backofen auf 200 Grad vorheizen (auch schon jetzt einschalten: 180 Grad Umluft). Kraut abschmecken und in eine ofenfeste Form füllen. 4 Lachsscheiben mit dem Fischpüree bestreichen und mit den übrigen Fischscheiben belegen, leicht andrücken. Auf das Kraut setzen. Übrige Butter klein würfeln und darauf verteilen. Den Fisch für etwa 12 Minuten in den Ofen (Mitte) schieben. Mit dem Sauerkraut auf Tellern verteilen. Dazu gibt's Baguette.

Fische in Pergament

Aromaschonend eingehüllt

Zutaten für 4 Personen:
4–8 ganze, küchenfertige Fische
(je nach Größe, z. B. Rotbarben, Saiblinge oder Forellen)
4 Zweige Rosmarin
4 Knoblauchzehen
2 in Öl eingelegte Sardellenfilets
(wer mag)
1 Bio-Zitrone
2 Bund gemischte Kräuter (z. B. für grüne Sauce, ersatzweise gehen auch 250 g Rucola oder Blattspinat)
Salz | Pfeffer
4 El Butter
4–8 größere Blätter Pergament-, Butterbrot- oder Backpapier

Zubereitungszeit: 25 Minuten
+ 20–25 Minuten Backen
Kalorien pro Portion: 410 kcal

1_Den Backofen auf 200 Grad vorheizen (auch schon jetzt einschalten: 180 Grad Umluft). Die Papierstücke bereitlegen. Die Fische waschen und trockentupfen. Den Rosmarin waschen und trockenschütteln.

2_Je 1 ganzen oder 1/2 Zweig Rosmarin in jeden Fischbauch legen. Den Knoblauch schälen und in feine Scheiben schneiden. Wer Sardellen mag, lässt sie abtropfen, schneidet sie klein und legt sie mit dem Knoblauch auch in die Fischbäuche.

3_Zitrone heiß waschen und abtrocknen, in möglichst dünne Scheiben schneiden und die Kerne rauspulen. Die gemischten Kräuter waschen und trockenschütteln, die groben Stiele entfernen. Salzwasser zum Kochen bringen. Die Kräuter einlegen und nur ein paar Sekunden kochen. Gleich in ein Sieb abgießen, abschrecken und gut abtropfen lassen. Mit Salz und Pfeffer würzen und auf den Papierstücken verteilen. Die Fische ebenfalls salzen und pfeffern und darauflegen. Jetzt noch die Zitronenscheiben und zum Schluss die Butter in dünnen Scheiben aufsetzen.

4_Nun die Fische verpacken: das Papier darüberschlagen und an den Enden gut verschließen (entweder wie ein Bonbonpapier zusammendrehen oder wie einen Papierumschlag einschlagen). Die Päckchen nebeneinander auf das Backblech legen. In den Ofen (Mitte) schieben und 20–25 Minuten backen. Im Papier auf Teller legen und so auf den Tisch stellen.

Basic:

Fischfarcen, also fein püriertes Fischfleisch mit Sahne, sind für den „poissonnier" eine wichtige Basis. Damit baut der Fischkoch Terrinen, Pasteten – und Klößchen. Am klassischsten sind die vom Hecht, da sein festes, eiweißreiches Fleisch sehr gut bindet und dazu besonders aromatisch ist.

Wer aber partout kein Hechtfilet erhält, darf ruhig auch mal Zander nehmen, der ebenfalls aus dem Süßwasser kommt. Wichtig ist beim Zubereiten einer Fischfarce aber immer, dass alle (!) Zutaten eiskalt sind – und am allerbesten die Geräte (besonders der Fleischwolf und der Mixer) auch noch. Dazu einfach alles für 1 Stunde in den Gefrierschrank geben. So entsteht nur sehr wenig Reibungshitze beim Zerkleinern des Fischfleisches, das bei zu viel Wärme bereits gerinnt und so keine Sahne mehr aufnehmen kann, was die Klößchen fest und trocken macht.

Das Rezept hier ist klassisch: Die zarten Hechtklößchen werden in einem fein-aromatischen Fisch-Weißwein-Fond pochiert (= gar ziehen bei kleiner Hitze) und mit einer herrlich leichten Kräuter-Wein-Sauce serviert. Und dazu trinkt man dann auch einen Wein – ein Riesling aus dem Elsass wäre perfekt. Bon appétit!

3

Hechtklößchen

Zutaten für 4 Personen:

Für die Klößchen:
400 g Hechtfilet
400 g Sahne
50 g Crème fraîche
Salz
Öl fürs Backpapier

Für die Sauce:
1 Schalotte
400 ml Fischfond (aus dem Glas)
100 ml trockener Weißwein
1 Handvoll Kerbel
2 Stängel Estragon
1 Stängel Dill
200 g Sahne
50 g Crème fraîche
Salz

Für den Sud:
800 ml Fischfond (aus dem Glas)
200 ml trockener Weißwein
2 TL Salz
Stängel der Kräuter (von der Sauce)

Zubereitungszeit: 1 1/2 Stunden
+ 1 Stunde Tiefkühlen
Kalorien pro Portion: 745 kcal

1_Für die Klößchen das Hechtfilet in 2 cm breite Streifen schneiden und 1 Stunde in den Tiefkühler legen, bis es leicht angefroren ist. Sahne und Crème fraîche ebenso lange tiefkühlen.

2_Hechtstreifen durch den Fleischwolf drehen (mittlere Scheibe, Bild 1) und in einer Schüssel mit 200 g Sahne glatt verrühren. Um die Masse schön kalt zu halten, die Schüssel in Eiswasser oder auf ein Bett aus Eiswürfeln setzen.

3_Die Masse portionsweise im Mixer pürieren und in einer weiteren Schüssel sammeln. Wer möchte, streicht die Hechtmasse jetzt noch mit einem Teigspatel durch ein feines Sieb, was die Klößchen später unvergleichlich zart macht. Aber das kann man auch lassen.

4_Nun übrige Sahne und Crème fraîche unterrühren, sodass eine glänzend-glatte Farce entsteht (Bild 2). Die wird mit Salz abgeschmeckt und kommt in den Kühlschrank, bis Sauce und Sud fertig sind.

5_Für die Sauce die Schalotte schälen und fein würfeln, dann mit Fond und Wein aufkochen und bei starker Hitze auf etwa ein Drittel einkochen lassen. Inzwischen die Kräuter waschen, trockenschütteln und die Blättchen von den Stängeln zupfen (Stängel für den Sud aufheben) und fein hacken. Sahne und Crème fraîche unter die Sauce rühren und bei geringer Hitze in guten 5 Minuten cremig einköcheln lassen. Mit Salz abschmecken.

6_Für den Sud alle Zutaten aufkochen und 5 Minuten bei geringer Hitze köcheln lassen.

7_In der Zwischenzeit ein großes Stück Backpapier einölen und nach und nach mit zwei Esslöffeln die Hechtklößchen formen. Dazu die Löffel in kaltes Wasser tauchen, mit einem Löffel eine Portion Farce aufnehmen und diese mit der Kuhle des zweiten Löffels zu einem Klößchen formen (Bild 3). Die Klößchen auf das Backpapier setzen.

8_Kräuterstängel aus dem Sud entfernen. Die Klößchen nacheinander vorsichtig mit einer Palette (ein breites Messer geht notfalls auch) vom Papier lösen und behutsam in den Sud gleiten lassen (Bild 4). Die Klößchen 8–10 Minuten bei geringer Hitze pochieren.

9_Inzwischen die gehackten Kräuter in die heiße Sauce rühren und kurz ziehen lassen (nicht mehr aufkochen). Die Klößchen damit servieren. Dazu gibt es Salzkartoffeln oder Reis.

Fleisch & Geflügel

Beim Fleisch lässt man in Frankreich schon mal alle Feinheit fahren und setzt
lieber auf ganze Stücke statt auf halbe Sachen: auf Lammhaxen mit Tomaten
zum Beispiel oder einen Kotelettbraten vom Kalb; und wenn es doch mal klein-
teiliger wird, dann bleibt es immer noch gutbürgerlich (Kalbsfrikassee) bis
derb bäuerlich („bœuf en daube"). Und dann ist da noch alles was fliegt: Perlhuhn und „coq au vin", Ente mit Orangen und „cassoulet" mit Entenkeulen.
Nein, ein Land der Vegetarier ist „la France" wirklich nicht. Was für ein Glück.

Profis Liebling

Mirepoix

Was bei uns schlicht Suppengrün heißt, trägt in Frankreich den Namen einer südfranzösischen Kommune. Und dieser fällt in der Profiküche dann, wenn eine dunkle Bratensauce, eine „jus" (siehe auch rechts), angesetzt werden soll. Dazu schält und putzt man einen Teil Zwiebeln sowie insgesamt einen Teil Möhren, Sellerie und Lauch, würfelt alles grob, um das Ganze dann mit ein paar Knochen in Fett anzurösten. Auch kräftige Schmorbraten und feine Ragouts können mit „mirepoix" zubereitet werden.

Parlez-vous cuisine?

viande	Fleisch
à point	medium gebraten
abats	Innereien
bien cuit	durchgebraten
bœuf	Rind, Ochse
canard	Ente
chevreuil	Reh
dindon	Truthahn
gibier	Wild
lapin	Kaninchen
lièvre	Hase
mouton	Hammel

Franck,
der Saucier

Jus de veau

Anders als die „glace", die aus purem, sirupartig eingekochtem Kalbsfond besteht, wird für „jus" (= Saft) vom Kalb ein gebratener Ansatz verwendet, bei dem Kalbsknochen, „mirepoix" (siehe links) und Tomatenmark kräftig angeröstet und dann mehrmals abgelöscht und eingekocht (= glaciert) werden, bevor die Jus ihrer Vollendung entgegenstrebt.

Für 1 l Kalbsjus 1 1/2 kg Kalbsknochen in Walnussgröße heiß waschen und trockentupfen. 4 Zwiebeln und je 100 g Möhren und Knollensellerie schälen, 1 Stange Lauch putzen, waschen, alles klein würfeln. Knochen im 200 Grad heißen Backofen (Mitte) in 3 EL Öl im Bräter anbraten, nach 10 Minuten das Gemüse dazugeben und 5 Minuten mitbraten. Auf den Herd holen, Fett abgießen und 2 EL Tomatenmark im Bräter anrösten. Mit 150 ml Rotwein ablösen und einkochen lassen, zweimal wiederholen. Mit 4 l Wasser, 1 Lorbeerblatt und 1 TL Pfefferkörnern 3 Stunden köcheln lassen, dann durch ein Sieb passieren und mit 1/4 l Rotwein auf 1 l einkochen.

Rôtisseur

Salate, Suppen, Meeresfrüchte ... interessieren den „rôtisseur" nicht. Sein Reich ist das Fleischkühlhaus und der wummernde Ofen, auf dem er seine Steaks brät und in den er ganze Ferkel schiebt. Der Topf mit Ragout nebenan kocht sich von selbst (in großen Küchen gibt es dafür einen Saucier), und auch sonst lässt ihn die restliche Küche lieber in Ruhe, denn er ist hier der König und gibt den Takt vor: Erst wenn er gebraten hat, kann serviert werden. Trotzdem ist der Nachkomme der Drehspießbrater meist ein Pfundskerl, der sich im Zweifel für seine Knappen vor den Küchenchef stellt – bis er irgendwann selbst einer wird.

Les petites nations   Alsace

„Choucroute garni" klingt harmlos. „Was soll an garniertem Sauerkraut erschreckend sein?", denkt man, bis die Schüssel auf den Tisch kommt, in der sich alle Arten von Würsten und verschiedenste Teile vom Schwein türmen. Fleisch ist im Elsass, das an Deutschland grenzt, das wichtigste Stück in der Küche, was man auch in Strasbourg sieht: „boucher" (Metzgereien) und „traiteur" (Feinkostläden) sind zahlreich, in den Theken stapeln sich Pasteten und Terrinen, „boudin" (Blutwurst) und „knack" (eine Art Frankfurter). Dazu trinkt man hier kernige Weine wie Edelzwicker, Riesling oder gleich ein regionales Bier. Und dann? Passt immer noch ein Stück vom deftigen Munster-Käse oder vom typisch elsässischen Gougelhopf hinein – sonst trinkt man halt einen der lokalen Obstbrände hinterher.

Kalbsfrikassee

Fein und simpel

Zutaten für 4 Personen:
800 g Kalbsschulter
1 Zwiebel
2 Nelken
1 Stange Staudensellerie
1 Stange Lauch
2 Möhren
je 2–3 Zweige Thymian, Rosmarin,
Oregano und Petersilie
2 Lorbeerblätter
Salz
1 1/2 EL Butter
1 1/2 EL Mehl
1 Handvoll Kerbel
125 g Sahne
1 Eigelb (Größe M)
1 EL Zitronensaft
Pfeffer

Zubereitungszeit: 30 Minuten
+ 1 Stunde Garen
Kalorien pro Portion: 370 kcal

1_Von der Kalbsschulter nur größere
Fettstücke und Sehnen abschneiden.
Fleisch in 2 cm große Würfel schneiden.

2_Zwiebel schälen, Nelken hineinstecken.
Sellerie und Lauch waschen und putzen,
Möhren schälen, alles grob schneiden.
Thymian, Rosmarin, Oregano und Peter-
silie waschen und mit Lorbeer, gespickter
Zwiebel und Gemüse in einem großen
Topf in 1 1/2 l Wasser bei starker Hitze
aufkochen, salzen. Hitze schwach stellen,
Fleisch in die Brühe geben, bei halb aufge-
legtem Deckel etwa 1 Stunde sanft garen.

3_Von der Brühe 3/8 l abschöpfen. Butter
in einem Topf zerlassen, Mehl einstreuen
und bei mittlerer Hitze unter Rühren hellgelb werden lassen. Jetzt mit dem Schneebesen durchrühren, dabei nach und nach
die Brühe zugießen. Sauce bei schwacher
Hitze offen 10 Minuten köcheln lassen.

4_Kerbel waschen und trockenschütteln,
Blättchen fein hacken. Sahne und Eigelb
miteinander verquirlen. Fleischstücke aus
dem Topf fischen.

5_Den Topf mit der Sauce kurz vom Herd
ziehen, Eigelbsahne einrühren und den
Topf wieder auf den Herd stellen. Sauce
erhitzen, aber nicht mehr kochen lassen.
Mit Zitronensaft, Salz und Pfeffer würzen.
Fleisch und Kerbel untermischen. Dazu
schmecken Nudeln oder Kartoffelpüree.

Daube de bœuf

Eins von zig Rindfleischragouts
Frankreichs

Zutaten für 4 Personen:
1 Zwiebel | 1 dicke Möhre
4 Knoblauchzehen
1 Bio-Orange | 1/4 Bund Thymian
1/2 l kräftiger Rosé oder Rotwein
je 1 TL Pfefferkörner und
Wacholderbeeren
1 kg Rindfleisch zum Schmoren
(z. B. Schulter oder Hüfte)
4 EL Öl | 2 TL Mehl
4 Tomaten | Salz | Pfeffer
1 Prise Zucker oder 1/2 TL Honig

Zubereitungszeit: 35 Minuten
+ 12 Stunden Marinieren
+ 3 Stunden Schmoren
Kalorien pro Portion: 595 kcal

1_Zwiebel, Möhre und Knoblauch schälen
und fein würfeln. Orange heiß waschen
und abtrocknen, die Schale hauchdünn
abschneiden, den Saft auspressen. Den
Thymian waschen. Alles mit Wein, Pfefferkörnern und Wacholderbeeren mischen.
Fleisch 2–3 cm groß würfeln, dazugeben
und mindestens 12 Stunden marinieren.

2_Dann Fleisch aus der Marinade fischen, trockentupfen. Öl im Schmortopf erhitzen. Fleisch darin in drei Portionen bei starker Hitze anbraten, wieder herausnehmen. Mehl ins Bratfett stäuben, anschwitzen. Marinade durchsieben, gut unterrühren. Fleisch wieder dazugeben und bei geringer Hitze zugedeckt etwa 1 Stunde schmoren.

3_Die Tomaten von den Stielansätzen befreien, mit kochend heißem Wasser überbrühen, abschrecken und häuten. Tomaten würfeln und unter das Ragout mischen. Salzen, pfeffern und weitere 2 Stunden schmoren. Vorm Servieren mit Salz, Pfeffer und Zucker oder Honig abschmecken.

VARIANTE: Bœuf bourguignon

1 kg Rindfleisch 4–5 cm groß würfeln. 1 Zwiebel und 1 Möhre schälen und in Scheiben schneiden. 4 Stängel Petersilie waschen. Alles mit 1/2 l rotem Burgunder, 2 EL Cognac, 1 TL Pfefferkörnern, 2 Nelken und 1 Lorbeerblatt über Nacht marinieren. Dann Fleisch aus der Marinade nehmen, trockentupfen und in je 2 EL Öl und Butter anbraten, herausnehmen. 1 EL Mehl ins Fett rühren, mit der Marinade ablöschen. Fleisch zugeben, 3 Stunden bei schwacher

Hitze schmoren. Ab und zu umrühren und noch etwa 1/4 l Rotwein zugießen. 150 g Speck in Streifen schneiden und in einem zweiten Topf ausbraten, herausnehmen. 400 g kleine Champignons putzen, 250 g Schalotten schälen, beides im Speckfett anbraten. Speck wieder untermischen, salzen und pfeffern. Fleisch aus der Sauce fischen und dazugeben, Sauce durch ein Sieb dazugießen. Mit Baguette essen.

Schweineragout mit Äpfeln

Auch mit Hirsch oder Reh ein Hit

Zutaten für 4 Personen:
800 g Schweineschulter oder -nacken
Salz | Pfeffer
80 g Butter | 300 ml Cidre
4 säuerliche Äpfel | 300 g Schalotten
1 Rispe frischer grüner Pfeffer
2 Stängel Salbei
1 EL Zucker | 1 Prise Zimtpulver

Zubereitungszeit: 35 Minuten
+ 1 Stunde Schmoren
Kalorien pro Portion: 540 kcal

1_Vom Fleisch nur größere Fettstücke und Sehnen abschneiden. Fleisch in 3–4 cm große Würfel schneiden, salzen, pfeffern.

2_In einem Schmortopf gut 1 EL Butter zerlassen und die Fleischwürfel darin bei mittlerer Hitze portionsweise rundherum anbraten. Wenn alle Würfel gebraten sind, mit dem Cidre wieder in den Topf geben und zugedeckt bei schwacher Hitze etwa 30 Minuten schmoren.

3_Die Äpfel achteln, schälen und die Kerngehäuse rausschneiden. Schalotten schälen und halbieren. Pfeffer waschen und die Körner von der Rispe abstreifen. Salbei waschen und trockenschütteln, Blättchen in grobe Streifen schneiden.

4_In einer Pfanne 1 EL Butter und Zucker schmelzen. Äpfel mit Schalotten, Salbei, Pfeffer und Zimt darin bei mittlerer Hitze etwa 5 Minuten braten. Unter das Ragout mischen, weitere 30 Minuten schmoren.

5_Dann Fleisch, Äpfel (ein Teil davon ist zerfallen) und Schalotten aus der Sauce fischen. Übrige Butter in kleine Würfel schneiden und unter die Sauce schlagen, abschmecken und über Fleisch, Äpfel und Schalotten verteilen. Mit Baguette essen.

Lamm-Couscous

Eingebürgert – vor allem
im Elsass und in Paris

Zutaten für 4–6 Personen:
Für das Lammragout:
150 g getrocknete Kichererbsen
800 g Lammschulter oder -keule (ohne
Knochen und nicht zu fett)
400 g Möhren │ 400 g rote Zwiebeln
4 Knoblauchzehen │ 2 Tomaten
50 g getrocknete Aprikosen
4 EL Olivenöl
je 1 TL Fenchel- und Koriandersamen
2–3 getrocknete Chilischoten
2 TL gemahlener Kreuzkümmel
2 EL Tomatenmark
Salz │ Pfeffer
1/2 Bund Minze
Für den Couscous:
300 g Couscous-Grieß
Salz │ 1 EL Butter

Zubereitungszeit: 45 Minuten
+ Quellen über Nacht
+ 2 Stunden Kochen und Schmoren
Kalorien pro Portion (bei 6 Personen):
690 kcal

1_Die Kichererbsen in einer Schüssel mit Wasser bedecken und über Nacht quellen lassen. Am nächsten Tag in einem Sieb abtropfen lassen und mit frischem Wasser in einem Topf aufkochen. Die Hitze auf mittlere Stufe schalten und den Deckel halb auflegen (Kochlöffel dazwischen klemmen). Die Erbsen etwa 1 1/2 Stunden vor sich hin kocheln lassen, bis sie weich werden (die Zeit hängt davon ab, wie frisch die Kichererbsen sind, also immer mal wieder eine probieren).

2_In der Zeit vom Lammfleisch nur die dickeren Fettstücke und die Sehnen abschneiden. Das Fleisch in gut 2 cm große Stücke schneiden. Möhren schälen und in 1 cm dicke Scheiben schneiden. Zwiebeln und Knoblauch schälen, vierteln. Tomaten waschen (oder häuten) und achteln, dabei die Stielansätze entfernen. Aprikosen einmal durchschneiden.

3_Öl in einem Schmortopf heiß werden lassen. Das Fleisch darin bei starker Hitze in drei Portionen rundherum gut anbraten und wieder herausholen. Wenn das ganze Fleisch gebraten ist, kommen Möhren, Zwiebeln, Knoblauch, Fenchel, Koriander, zerkrümelte Chilis und Kreuzkümmel in den Topf. Ein paar Minuten bei mittlerer Hitze anbraten, dabei immer gut durchrühren. 1/4 l Wasser dazuschütten, das Tomatenmark unterrühren, alles salzen und pfeffern. Fleisch mit Aprikosen und Tomaten wieder untermischen. Hitze klein stellen, Deckel auflegen und das Ragout etwa 1 Stunde sanft schmoren lassen.

4_In der Zeit Couscous in einem Sieb mit sehr kleinen Löchern abbrausen. Mit 1 TL Salz und 400 ml Wasser in eine Schüssel füllen, 30 Minuten stehen lassen.

5_Couscous wieder ins Sieb füllen. In einem Topf Wasser zum Kochen bringen. Couscous im Sieb darüberhängen, Deckel auflegen und den Couscous bei mittlerer Hitze etwa 30 Minuten dämpfen. Wenn nötig, zwischendurch Wasser nachfüllen.

6_Die Kichererbsen abtropfen lassen und unter das Lammfleisch mischen. Mit Salz und Pfeffer abschmecken. Minze waschen, trockenschütteln, die Blättchen in Streifen schneiden und unter das Ragout mischen.

7_Butter in kleine Stücke schneiden, mit einer Gabel unter den Couscous ziehen. Auf eine Platte verteilen und in der Mitte eine Mulde formen. Ragout dort hineinschöpfen und alles auf den Tisch stellen.

Lammhaxen mit Tomaten

Stressfrei im Ofen gebacken

Zutaten für 4 Personen:
4 Lammhaxen (je etwa 380 g)
1/2 Bio-Zitrone
10 Knoblauchzehen
1/2 EL körniger Senf
1 TL Honig
Salz │ Pfeffer
6 Stängel Lavendel
500 g Tomaten
4 EL Olivenöl
200 ml Rosé oder nicht zu trockener Weißwein
100 g schwarze oder halbgrüne Oliven

Zubereitungszeit: 35 Minuten
+ 2 Stunden Braten
Kalorien pro Portion: 770 kcal

1_Die Lammhaxen waschen und trockentupfen. Zitronenhälfte heiß waschen und abtrocknen, die Schale fein abreiben. Die Knoblauchzehen schälen, 2 davon durch die Presse drücken und mit der Zitronenschale, Senf und Honig verrühren. Die Lammhaxen salzen und pfeffern und mit der Senf-Honig-Paste einstreichen.

2_Den Backofen auf 150 Grad vorheizen (erst später einschalten: 130 Grad Umluft). Lavendel waschen und trockenschütteln, die Blättchen von den Stängeln abzupfen. Die Tomaten waschen und grob würfeln, dabei die Stielansätze entfernen.

3_Das Öl in einem Bräter erhitzen. Die Lammhaxen darin bei starker Hitze rundherum anbraten und wieder herausnehmen. Bratensatz mit dem Wein ablöschen, Tomaten, Lavendel und übrige Knoblauchzehen (ganz) mit den Oliven einrühren, salzen und pfeffern. Lammhaxen daraufsetzen und im Ofen (Mitte) etwa 2 Stunden garen, bis das Fleisch richtig schön weich ist. Dazu gibt's ofenfrisches Baguette.

VARIANTE: Lammkeule mit Kräutern

Je 1/2 Bund Rosmarin und Thymian waschen und trockenschütteln, die Blättchen fein hacken und mit 4 EL Olivenöl verrühren, salzen und pfeffern. 1 Lammkeule (mit Knochen, etwa 1,7 kg) mit dem Kräuteröl rundherum einreiben und in einen Bräter legen. Im 180 Grad heißen Backofen (Mitte, 160 Grad Umluft) etwa 2 Stunden braten, dabei einmal wenden. Dann 10 Knoblauchzehen schälen, durch die Presse drücken. 1/2 Bio-Zitrone heiß waschen und abtrocknen, Schale fein abreiben. Beides mit 2 EL Olivenöl verrühren. Lammkeule damit einstreichen und noch mal etwa 15 Minuten garen. Kurz ruhen lassen, Fleisch in Scheiben vom Knochen schneiden und mit Gemüse (z.B. Ratatouille, Seite 108) und Baguette essen.

VARIANTE: Entenkeulen mit Lavendelhonig

4 fleischige Entenkeulen (je etwa 350 g) mit Salz und Pfeffer würzen und in einem Bräter in 1 EL Olivenöl bei mittlerer Hitze rundum gut anbraten, herausnehmen. 200 g kleine Schalotten und 8 Knoblauchzehen schälen und im Bratfett andünsten. Mit 1/4 l Weißwein ablöschen. 1/2 Bio-Zitrone heiß waschen, in dünne Scheiben schneiden und mit 2 EL Lavendelhonig dazugeben. Keulen wieder einlegen und zugedeckt im 150 Grad heißen Backofen (Mitte, 130 Grad Umluf) 2 1/2–3 Stunden garen, bis sie schön weich sind. Dann den Backofengrill anschalten. Entenkeulen auf den Rost legen und mit einer Mischung aus 1 EL Lavendelhonig und 1 EL Zitonensaft einpinseln. Unter den Grillschlangen (10 cm Abstand) in 3–5 Minuten knusprig bräunen, dabei einmal wenden. Mit der Sauce servieren.

Koteletts mit Knoblauch- püree

Klassisch gut

Zutaten für 4 Personen:
4 Zweige Thymian
1–2 EL körniger Senf
4 Schweinekoteletts (je etwa 250 g)
Salz | Pfeffer
3 dicke Knoblauchknollen (wirklich
Knollen, nicht Zehen!, etwa 400 g)
1 EL Öl | 1 EL Butter
100 g Crème fraîche oder Crème double

Zubereitungszeit: 30 Minuten
Kalorien pro Portion: 450 kcal

1_Den Thymian waschen und trockenschütteln, die Blättchen abstreifen und
leicht drüberhacken. Mit dem Senf verrühren. Die Koteletts trockentupfen, auf
beiden Seiten salzen und pfeffern und
mit der Senfmischung einstreichen.

2_Für das Püree die Knoblauchknollen in
die einzelnen Zehen teilen und schälen. In
einem Topf etwa 2 cm hoch Wasser mit

Salz aufkochen. Den Knoblauch einlegen
und zugedeckt um die 10 Minuten bei
mittlerer Hitze köcheln lassen, bis er
schön weich ist.

3_Inzwischen das Öl und die Butter in
einer großen Pfanne heiß werden lassen.
Koteletts einlegen und auf beiden Seiten
bei starker Hitze kräftig anbraten. Dann
die Hitze auf mittlere Stufe zurückschalten
und die Koteletts pro Seite noch weitere
5–6 Minuten braten.

4_Zurück zum Knoblauch: abgießen und
durch die Kartoffelpresse wieder in den
Topf drücken. Crème fraîche oder Crème
double unterrühren. Püree bei schwacher
Hitze erwärmen, salzen und pfeffern. Die
Koteletts auf Teller verteilen und jeweils
einen Klecks vom Püree danebenlöffeln.

TIPPs

Am besten schmeckt das Püree mit jungem
Knoblauch, der noch keinen grünen Trieb
in der Mitte der Zehen hat. Und wer kann,
nimmt immer Knoblauch mit rosa Häuten,
der ist aromatischer als der rein weiße.
Übrigens: Falls etwas übrig bleibt, das
Püree ist ein Gedicht auf geröstetem Brot.

Medaillons vom Kalb mit Pastis- Erdbeeren

Neu kombiniert

Zutaten für 4 Personen:
8 Kalbsmedaillons (je etwa
2–3 cm dick und 80 g schwer)
Salz | Pfeffer
300 g Erdbeeren
1/2 Bund Basilikum
3 EL Olivenöl
4 EL Pastis
1 Prise Zucker

Zubereitungszeit: 20 Minuten
Kalorien pro Portion: 270 kcal

1_Den Backofen auf 80 Grad (Ober- und
Unterhitze) schalten, eine Platte hineinstellen. Kalbsmedaillons nebeneinander
auf ein Küchenbrett legen und mit dem
Handballen so in Form drücken, dass alle
etwa gleich dick sind. Medaillons mit Salz
und Pfeffer würzen.

2_Die Erdbeeren vorsichtig waschen und
trockentupfen. Die Kelche herauszupfen
oder ausschneiden, die Erdbeeren je nach

Größe halbieren oder vierteln. Basilikumblättchen abknipsen und in etwas kleinere Stücke zupfen.

3_Eine schwere Pfanne gut heiß werden lassen, 2 EL Öl darin erhitzen. Hitze etwas zurückschalten (etwas mehr als mittlere Stufe). Kalbsmedaillons im Öl pro Seite 2 1/2–3 Minuten braten, aus der Pfanne nehmen und im Ofen warm stellen.

4_Übriges Öl in die Pfanne geben, Erdbeeren darin unter vorsichtigem Wenden 1 Minute braten. Mit Pastis ablöschen. Basilikum untermischen, mit Salz, Pfeffer und Zucker abschmecken. Mit den Kalbsmedaillons auf vorgewärmten Tellern verteilen. Dazu schmeckt Baguette.

VARIANTE: Kalbsmedaillons mit Honig-Senf-Rhabarber

Medaillons wie beschrieben zubereiten. Statt Erdbeeren 300 g Rhabarber waschen, putzen und in etwa 1 cm große Stücke schneiden. In 1 EL Butter andünsten, mit 50 ml Apfelsaft und 1 EL Honig mischen und zugedeckt 10 Minuten dünsten. Mit Salz, Pfeffer und 1 EL körnigem Senf abschmecken und zum Fleisch essen.

Kaninchen in Senfsauce

Vom Feinsten

Zutaten für 4 Personen:
1 Kaninchen (etwa 1 1/2 kg, vom Händler in 12–14 Stücke teilen lassen)
Salz | Pfeffer
100 g Dijon-Senf
300 g kernlose blaue Weintrauben
2 Schalotten
2 Knoblauchzehen
6 Zweige Thymian
2 EL Butter
1/4 l trockener Rotwein
75 g durchwachsener Räucherspeck (in dünnen Scheiben)
150 g Crème fraîche
1/2 TL Zucker

Zubereitungszeit: 45 Minuten
+ 45 Minuten Braten
Kalorien pro Portion: 740 kcal

1_Einen scharfen Blick auf die Kaninchenstücke werfen. Wer Knochensplitter entdeckt, wischt sie mit einem feuchten Tuch vom Fleisch ab. Kaninchenstücke mit Salz und Pfeffer würzen und ganz dünn mit Senf einstreichen.

2_Die Trauben waschen und halbieren. Schalotten und Knoblauch schälen und in feine Scheiben schneiden. Den Thymian waschen und trockenschütteln, Blättchen von den Zweigen abstreifen.

3_Den Backofen auf 180 Grad vorheizen (erst später einschalten: 160 Grad Umluft). Die Butter in einem Schmortopf erhitzen. Die Kaninchenstücke darin portionsweise bei mittlerer Hitze anbraten und wieder herausnehmen. Schalotten, Knoblauch und Thymian kurz andünsten, Trauben untermischen und mit Wein ablöschen. Die Kaninchenstücke wieder einlegen und mit den Speckscheiben abdecken. Den Topf in den Ofen (Mitte) schieben und das Fleisch etwa 45 Minuten braten.

4_Dann den Topf aus dem Ofen holen, Speckscheiben abheben und eventuell später mit servieren. Kaninchenstücke aus der Sauce heben und im abgeschalteten Ofen warm halten. Sauce auf dem Herd aufkochen, Crème fraîche und restlichen Senf mit dem Schneebesen unterschlagen. Die Sauce mit Salz, Pfeffer und Zucker abschmecken und über die Kaninchenstücke gießen. Sofort servieren. Dazu gibt's Baguette und Blattsalat.

Kalbskotelett-braten mit Senf und Honig

Beste Gästeküche

Zutaten für 6 Personen:
1 Kalbskotelettbraten (etwa 1,6 kg, mit Knochen, unbedingt vorbestellen!)
Salz | Pfeffer
800 g kleine festkochende Kartoffeln
2 Möhren
1/2 kleine Sellerieknolle
2 rote Zwiebeln
4 Zweige Rosmarin
1 Stängel Salbei
2 EL Olivenöl
1/4 l trockener Weißwein
1 Bio-Orange oder 1/2 Bio-Zitrone
2 EL körniger Senf
2 EL Dijon-Senf
1 1/2 EL Honig
3 EL Semmelbrösel
2 EL Crème fraîche (wer mag)

Zubereitungszeit: 30 Minuten
+ 1 1/2 Stunden Braten
Kalorien pro Portion: 505 kcal

1_Den Kotelettbraten mit Küchenpapier abtupfen und rundum mit Salz und Pfeffer einreiben. Kartoffeln unter fließendem Wasser gründlich abbürsten oder schälen, die Knollen ganz lassen. Möhren, Sellerie und Zwiebeln schälen. Die Möhren und Zwiebeln vierteln. Den Sellerie in größere Stücke schneiden. Rosmarin und Salbei waschen und trockenschütteln.

2_Den Backofen auf 150 Grad vorheizen (erst später einschalten: 130 Grad Umluft). Einen Bräter auf dem Herd erhitzen, das Olivenöl hineingießen. Das Kotelettstück von allen Seiten bei mittlerer Hitze gut anbraten und aus dem Bräter nehmen.

3_Möhren, Sellerie und Zwiebeln kurz im Bratfett schwenken. Die Kartoffeln und die Kräuter dazugeben und den Weißwein dazugießen. Mit Salz und Pfeffer würzen. Kotelettbraten mit der fleischigen Seite nach oben auf das Gemüse setzen. Im Ofen (unten) etwa 1 Stunde braten.

4_Dann die Orange oder die Zitronen-hälfte heiß waschen und abtrocknen. Die Schale fein abreiben und mit den beiden Senfsorten, dem Honig und den Semmel-bröseln mischen und eventuell leicht mit Salz abschmecken. Die Hitze des Ofens auf 180 Grad erhöhen (160 Grad Umluft). Die Senfmischung auf dem Kotelettbraten verstreichen. Weitere 30 Minuten braten.

5_Den Braten im abgeschalteten, leicht geöffneten Ofen etwa 5 Minuten ruhen lassen. Dann aus dem Bräter heben und das Fleisch zuerst vom Knochen, dann in Scheiben schneiden.

6_Wer mag, kann die Sauce im Bräter jetzt noch mit Crème fraîche verfeinern, in jedem Fall einen Löffel Sauce probieren und abschmecken. Die Fleischscheiben mit den Kartoffeln, dem Gemüse und der Sauce auf einer vorgewärmten Platte anrichten und sofort servieren.

VARIANTE: Schweine-kotelettbraten mit Tomaten-Käse-Kruste

1 Schweinekotelettbraten (etwa 1,6 kg, mit Knochen) beim Metzger vorbestellen und Zuhause wie beschrieben würzen und anbraten. Statt Möhren und Sellerie 4 kleine weiße Rübchen oder 1 Bund große Radieschen und statt der roten Zwiebeln 1 Bund Frühlingszwiebeln nehmen. Die Kartoffeln weglassen. Den Braten 1 Stunde bei 150 Grad braten. Dann 1 kleine Fleisch-tomate mit kochend heißem Wasser über-brühen, abschrecken und häuten. Tomate klein würfeln, dabei den Stielansatz ent-fernen. Tomate mit 100 g frisch gerie-nem Hartkäse (z. B. Gruyère oder Comté), den Blättchen von 4 Zweigen Thymian, 1 Eigelb (Größe M) und 2 EL Semmel-bröseln gut verrühren. Mit Pfeffer und vorsichtig mit Salz (der Käse ist salzig!) abschmecken und auf dem Braten ver streichen. In weiterer 30 Minuten bei 180 Grad fertigbraten.

Basic-TIPP

Ein guter Metzger sagt es immer wieder: Macht den Braten samt Knochen, weil er dann viel besser schmeckt! Da die aller-meisten von uns es aber lieber einfach haben möchten, kaufen sie ein Stück ohne Knochen, das sie später nicht aus-lösen müssen. Und genau deshalb gibt es inzwischen beim Metzger noch nicht mal mehr simple Koteletts im Standardpro-gramm. Darum: Braten mit Knochen in jedem Fall und manchmal sogar das ein-zelne Kotelett vorbestellen.

Ente mit Orangen

Eine echte Berühmtheit
– Canard à l'orange

Zutaten für 4 Personen:
1 Bauernente (etwa 2 1/2 kg)
Salz | Pfeffer
1/2 Bund Thymian
4 Bio-Orangen
2 EL Butter
1/4 l trockener Weißwein
3 EL Orangenlikör
2 EL Zitronensaft
1 EL Orangenmarmelade oder
Honig oder 1/2 EL Zucker

Zubereitungszeit: 40 Minuten
+ 2 1/2 Stunden Braten
Kalorien pro Portion: 1285 kcal

1_Die Ente innen und außen waschen
und trockentupfen. In einem Schälchen
Salz und Pfeffer mischen und die Ente
damit gründlich einreiben. Den Backofen
auf 180 Grad vorheizen (erst später einschalten: 160 Grad Umluft).

2_Thymian waschen, trockenschütteln
und in den Entenbauch legen. 2 Orangen
heiß waschen und abtrocknen, die Schale
von 1 Orange sehr fein abreiben, die der
zweiten dünn abschneiden und auch in
den Entenbauch legen. Den Orangensaft
auspressen und beiseitestellen. Butter
zerlassen und die abgeriebene Orangenschale untermischen, die Ente rundherum
mit dieser aromatischen Butter einpinseln.

3_Die Ente mit der Brust nach unten in
einen Bräter legen und im Ofen (Mitte)
30 Minuten braten.

4_Den Orangensaft mit dem Weißwein
und dem Likör mischen. Ente umdrehen,
die Flüssigkeit angießen. Die Ente noch
etwa 2 Stunden braten, dabei häufig mit
der Flüssigkeit beschöpfen.

5_Von den übrigen Orangen die Schale so abschneiden, dass auch die weiße Haut mit entfernt wird. Die Orangenfilets zwischen den Trennhäuten rausschneiden.

6_Die Ente aus dem Bräter nehmen und mit dem Messer und der Geflügelschere in 8–10 Stücke teilen. Auf den Rost legen. Den Backofengrill anschalten. Die Entenstücke mit der Fettpfanne unter dem Rost noch einmal in den Ofen (10 cm Abstand zu den Grillschlangen) schieben und in ein paar Minuten knusprig bräunen.

7_Inzwischen die Sauce aus dem Bräter in einen Topf gießen, Fett abschöpfen. Zitronensaft und Marmelade oder Honig oder Zucker unterrühren und die Sauce aufkochen. Mit Salz und Pfeffer würzen. Orangenfilets einlegen und bei schwacher Hitze in der Sauce erwärmen. Mit der Ente servieren. Dazu gibt's außerdem Kartoffelgratin (Seite 119) oder nur Baguette.

VARIANTE: Entenbrust mit Orangen

2 große Entenbrustfilets (je etwa 380 g) mit Salz, Pfeffer und 1 TL abgeriebener Bio-Orangenschale würzen. In 1 EL Öl mit der Haut nach unten 8 Minuten bei mittlerer Hitze braten. Umdrehen und noch einmal 7 Minuten braten. In Alufolie wickeln. 2 Orangen schälen und die Filets aus den Trennhäuten rausschneiden. Bratensatz mit 1/8 l Orangensaft und 3 EL Orangenlikör ablöschen und aufkochen. Mit 1 EL Zitronensaft und 2 TL Honig abschmecken, die Orangenfilets darin erwärmen. Die Entenbrustfilets in Scheiben schneiden und mit der Sauce servieren.

TIPP

Eine Bauernente gibt es immer mit den Innereien im Bauch. Die Leber am besten braten und mit Salat als Vorspeise essen. Das Herz und die anderen Teile wie ein Ragout mit Gemüse und Wein schmoren und als kleines Gericht auftischen.

Perlhuhn mit Kirschen und Schalotten

Unglaublich fruchtig

Zutaten für 4 Personen:
1 Perlhuhn (etwa 1,1 kg)
Salz | Pfeffer
250 g Schalotten
300 g aromatische Kirschen
(am besten sind Sauerkirschen)
1/2 Bio-Zitrone
2 Knoblauchzehen
6 Zweige Thymian
1 1/2 EL Butter | 1 EL Öl
5 EL Noilly Prat
100 ml Hühner- oder Gemüsebrühe
2 TL Zucker

Zubereitungszeit: 1 Stunde
Kalorien pro Portion: 285 kcal

1_Perlhuhn waschen und trockentupfen. Mit einem scharfen Messer und einer Geflügelschere in 8–12 Stücke zerteilen. Mit Salz und Pfeffer einreiben.

2_Die Schalotten schälen und große halbieren. Kirschen waschen, entstielen und entsteinen. Zitronenhälfte heiß waschen und 2 dünne Scheiben abschneiden, 1 EL

Saft auspressen. Knoblauch schälen und in feine Scheiben schneiden. Den Thymian waschen und trockenschütteln, Blättchen von den Zweigen abstreifen.

3_In einem Schmortopf 1 EL Butter mit dem Öl erhitzen. Die Perlhuhnstücke darin bei starker Hitze anbraten – wenn nicht alle nebeneinander Platz haben, in zwei Portionen. Mit dem Noilly Prat ablöschen. Zitronenscheiben, Knoblauch und Thymian dazugeben, die Brühe angießen. Deckel auflegen und das Perlhuhn bei schwacher Hitze 25 Minuten sanft schmoren.

4_Nach etwa 10 Minuten übrige Butter und Zucker in einem Topf unter Rühren bei mittlerer Hitze schmelzen lassen. Schalotten einrühren und etwa 5 Minuten braten, bis sie goldbraun sind. Kirschen untermischen, mit Zitronensaft, Salz und Pfeffer würzen. Alles zum Perlhuhn geben und weitere 15 Minuten schmoren.

5_Falls sich im Schmortopf viel Sauce gebildet hat, Perlhuhnstücke und so weit wie möglich auch die Schalotten und die Kirschen aus der Sauce fischen und warm halten. Sauce offen bei starker Hitze etwa 5 Minuten einkochen lassen. Abschmecken und dann wieder über Huhn, Schalotten und Kirschen verteilen. Dazu schmeckt Baguette oder Reis.

Knoblauchhuhn

Die Tradition sagt, es müssen 40 Knoblauchzehen sein – wir nehmen's nicht ganz so genau!

Zutaten für 4 Personen:
1 fleischige Poularde (etwa 1,4 kg)
5 EL Olivenöl
Salz │ Pfeffer
4 Knoblauchzehen + 2 Knoblauchknollen
1 Bio-Zitrone
4 Zweige Thymian │ 1 Zweig Rosmarin
1 frisches Lorbeerblatt
2 Stängel Lavendel (wer mag)
200 ml trockener Weißwein oder Rosé
1 EL Honig

Zubereitungszeit: 30 Minuten
+ 1 Stunde Braten
Kalorien pro Portion: 785 kcal

1_Den Backofen auf 200 Grad vorheizen (erst später einschalten: 180 Grad Umluft). Die Poularde innen und außen waschen und trockentupfen. Mit etwa 2 EL Öl einpinseln, mit Salz und Pfeffer bestreuen.

2_Die 4 Knoblauchzehen schälen und in feine Scheiben schneiden. Zitrone heiß waschen und abtrocknen, eine Hälfte in

Scheiben schneiden. Kräuter waschen und trockenschütteln, mit den Stielen grob zerschneiden, mit den Zitronen- und den Knoblauchscheiben mischen und in den Bauch der Poularde stopfen.

3_Die Poularde seitlich in eine ofenfeste Form legen, im Ofen (Mitte) 20 Minuten braten. Dann die ganzen Knoblauchknollen waschen und quer halbieren. Die Poularde auf die andere Seite drehen, die Knoblauchknollen mit den Schnittflächen nach oben danebenlegen. Mit wenig Olivenöl beträufeln und salzen. Alles noch einmal 20 Minuten braten.

4_ Poularde auf den Rücken drehen, den Wein angießen. Restliche Zitronenhälfte auspressen und den Saft mit restlichem Öl und Honig gut verrühren. Die Poularde damit einpinseln und noch einmal etwa 20 Minuten braten, bis sie schön braun ist.

5_Poularde in Stücke schneiden und mit dem Knoblauch auf einer Platte anrichten. Jeder bekommt seine Knoblauchhälfte mit auf den Teller – das Fruchtfleisch lässt sich leicht aus den Schalen lösen und schmeckt auf geröstetem Brot oder direkt mit dem Hühnerfleisch. Dazu gibt's außerdem noch einen bunt gemischten Salat.

Coq au vin

Der Rotwein lässt's ahnen – kommt aus dem Burgund

Zutaten für 4 Personen:
1 fleischige Poularde (etwa 1,4 kg)
Salz │ Pfeffer
2 Zwiebeln │ 2 Knoblauchzehen
100 g durchwachsener Räucherspeck
4 Zweige Thymian
1 EL Öl │ 3 EL Butter
2 gehäufte TL Mehl
75 ml Cognac
1/2 l kräftiger Rotwein (z.B. Burgunder)
2 Lorbeerblätter
200 g kleine Schalotten
200 g kleine Champignons
1/2 Bund Petersilie

Zubereitungszeit: 40 Minuten
+ 50 Minuten Schmoren
Kalorien pro Portion: 1055 kcal

1_Die Poularde in 8–12 Stücke teilen, waschen und trockentupfen. Mit Salz und Pfeffer einreiben. Zwiebeln und Knoblauch schälen und fein hacken. Vom Speck die Schwarte abschneiden. Den Speck klein würfeln, Knorpel dabei wegschneiden. Thymian waschen und trockenschütteln.

3_Das Öl und 1 EL Butter in einem Schmortopf erhitzen. Den Speck darin bei mittlerer
Hitze leicht knusprig werden lassen. Mit
dem Schaumlöffel aus dem Topf heben
und beiseitestellen.

4_Poulardenteile im Speckfett nach und
nach rundherum anbraten, herausnehmen.
Zwiebeln und Knoblauch im Bratfett andünsten, mit Mehl bestäuben und kurz
anschwitzen. Poulardenteile wieder einlegen, Topf kurz vom Herd ziehen. Cognac
in einer Schöpfkelle über einer Kerzenflamme erwärmen, über die Geflügelteile
gießen und mit einem langen Streichholz
anzünden, abbrennen lassen. Wenn die
Flamme erloschen ist, Topf wieder auf den
Herd stellen, Wein dazugießen und aufkochen. Thymian und Lorbeer einlegen,
Topf schließen und Huhn etwa 25 Minuten
bei schwacher Hitze schmoren lassen.

4_Inzwischen die Schalotten schälen. Die
Pilze mit feuchtem Küchenpapier sauber
abreiben, Stielenden abschneiden.

5_Übrige Butter in einer Pfanne zerlaufen
lassen. Die Schalotten und Pilze darin bei
mittlerer Hitze 2–3 Minuten andünsten,
dann zugedeckt 10 Minuten bei geringer
Hitze dünsten. Dann Speck untermischen,

das Gemüse mit Salz und Pfeffer würzen
und zur Poularde in den Topf geben. Alles
zusammen noch einmal etwa 25 Minuten
schmoren. Vor dem Servieren Petersilie
waschen und trockenschütteln, Blättchen
grob hacken und das Coq au vin damit
bestreuen. Mit Baguette essen.

Hühnerbrust in Estragonsahne

Auf die Schnelle gemacht

Zutaten für 4 Personen:
4 Hähnchenbrustfilets (je etwa 150 g)
Salz | Pfeffer
2 Schalotten
1 kleines Bund Estragon
1 1/2 EL Butter
1 1/2 EL Öl
5 EL Noilly Prat
150 g Crème fraîche
1/2 TL Dijon-Senf
1 TL Zitronensaft

Zubereitungszeit: 25 Minuten
Kalorien pro Portion: 375 kcal

1_Den Backofen auf 80 Grad einschalten
(Ober- und Unterhitze) und eine ofenfeste
Platte darin anwärmen. Hähnchenbrustfilets waschen und trockentupfen. Mit
Salz und Pfeffer würzen. Die Schalotten
schälen und fein hacken. Den Estragon
waschen und trockenschütteln, Blättchen
abzupfen und hacken.

2_Butter und Öl in einer Pfanne warm
werden lassen. Hähnchenbrustfilets darin
bei starker Hitze auf beiden Seiten kurz
anbraten, dann bei schwacher Hitze etwa
8 Minuten weiterbraten, bis sie durch
sind. Dabei ab und zu wenden.

3_Die Hähnchenbrustfilets auf die Platte
in den Ofen legen. Die Schalotten im Bratfett etwa 1 Minute bei mittlerer Hitze andünsten. Mit dem Noilly Prat begießen
und den Bratensatz damit lösen. Crème
fraîche unterrühren, aufkochen lassen.
Senf und Zitronensaft dazugeben, den
Estragon untermischen und die Sauce
mit Salz und Pfeffer abschmecken. Über
den Hähnchenbrustfilets verteilen. Dazu
schmeckt Reis, Kartoffelpüree oder auch
Kartoffelgratin (Seite 119).

Wildschwein mit Pflaumen

Herbstliches für kühle Tage

Zutaten für 4 Personen:
1 Bio-Orange | 1 EL Zitronensaft
150 g entsteinte Backpflaumen
800 g Wildschweinfleisch zum Schmoren
(z.B. Schulter oder Keule)
100 g durchwachsener Räucherspeck
4 Schalotten | 4 Knoblauchzehen
1 Möhre
1 EL Öl | 1 EL Butter
50 ml Cognac
1/8 l trockener Rotwein
3/8 l Fleischbrühe | 2 Lorbeerblätter
Salz | Pfeffer
250 g geschälte, gegarte Maronen
(vakuumverpackt)

Zubereitungszeit: 40 Minuten
+ 3 Stunden Schmoren
Kalorien pro Portion: 655 kcal

1_Orange heiß waschen und abtrocknen, die Schale fein abreiben, Saft auspressen. Beides mit Zitronensaft mischen und über die Pflaumen gießen. Vom Fleisch nur die größeren Fettstücke und die Sehnen abschneiden, Fleisch etwa 4 cm groß würfeln.

Vom Speck die Schwarte entfernen, den Speck fein schneiden. Schalotten, Knoblauch und Möhre schälen, klein würfeln.

2_Öl und Butter in einem Schmortopf erhitzen. Das Fleisch darin bei starker Hitze in drei Portionen anbraten und wieder herausnehmen. Dann den Speck mit der Schalottenmischung im Topf anbraten. Fleisch wieder untermischen. Cognac in eine Schöpfkelle füllen, über einer Kerze erwärmen. Mit einem langen Streichholz anzünden und brennend über das Fleisch gießen. Warten, bis die Flamme erlischt, dann Wein und Brühe zum Fleisch gießen. Pflaumen mit der Orangensaftmischung und die Lorbeerblätter auch dazugeben. Das Ragout mit Salz und Pfeffer würzen. Zugedeckt etwa 3 Stunden bei schwacher Hitze schmorgen, bis es schön weich ist. Dabei ab und zu umrühren.

3_Den Backofen auf 50 Grad (Ober- und Unterhitze) einschalten. Das Fleisch und die Pflaumen aus dem Topf fischen, auf einer Platte im Ofen warm stellen. Sauce durchs Sieb in einen kleinen Topf gießen, Speck und Gemüse gut ausdrücken. Die Maronen in die Sauce rühren, erwärmen. Mit Salz und Pfeffer abschmecken. Über das Fleisch gießen. Und jetzt: Bon appétit!

Cassoulet mit Entenkeulen

Wenig Arbeit, viel Genuss

Zutaten für 4 Personen:
300 g getrocknete weiße Bohnen
1/2 Bund Thymian | 2 Lorbeerblätter
4 Entenkeulen (je etwa 350 g)
Salz | Pfeffer
4 EL Olivenöl | 500 g Tomaten
1 rote Zwiebel | 2 Knoblauchzehen
100 g durchwachsener Räucherspeck
(in dünnen Scheiben)
1/4 l trockener Weißwein
1/4 l Hühnerbrühe
200 g rohe Bratwürste
1/2 Bund Petersilie
50 g Semmelbrösel

Zubereitungszeit: 40 Minuten
+ Quellen über Nacht
+ 5 1/4 Stunden Garen
Kalorien pro Portion: 1000 kcal

1_Bohnen im Topf mit Wasser bedecken und über Nacht quellen lassen. Dann abgießen und mit frischem Wasser auffüllen. Thymian waschen, trockenschütteln und 4–5 Zweige und die Lorbeerblätter zu den Bohnen geben. Zum Kochen bringen und

mit halb aufgelegtem Deckel bei geringer bis mittlerer Hitze in etwa 1 1/4 Stunden nicht ganz weich garen.

2_Inzwischen Entenkeulen waschen und trockentupfen und mit Salz und Pfeffer einreiben. In einem Schmortopf 2 EL Öl erhitzen und die Keulen darin rundherum bei starker Hitze anbraten. Herausnehmen, beiseitestellen. Die Tomaten mit kochend heißem Wasser überbrühen, abschrecken, häuten. Die Tomaten klein würfeln, dabei die Stielansätze entfernen.

3_Zwiebel und Knoblauch schälen, fein würfeln, übrige Thymianblätter abzupfen, alles im Bratfett andünsten. Tomaten zufügen, etwa 10 Minuten offen bei mittlerer Hitze köcheln lassen. Herausnehmen.

4_Den Backofen auf 140 Grad vorheizen (erst später einschalten: 120 Grad Umluft). Schmortopf mit Speck auslegen. Bohnen abgießen und mit den Tomaten mischen, salzen und pfeffern. Die Hälfte der Bohnen auf den Speck schöpfen. Keulen darauflegen, mit den übrigen Bohnen bedecken. Wein und Brühe angießen. Bratwurstbrät in Stücken aus der Haut drücken, darauflegen. Petersilie waschen und trockenschütteln. Die Blättchen hacken, mit den

Semmelbröseln mischen und darüberstreuen. Mit dem restlichen Öl beträufeln. Cassoulet mit Alufolie abdecken (glänzende Seite nach innen) und im Ofen (Mitte) etwa 4 Stunden garen. Dabei während der letzten Stunde die Folie abnehmen.

Hack-Mangold-Bällchen

Schmecken sogar kalt spitze!

Zutaten für 4 Personen:
500 g Mangoldblätter (die Stiele für ein anderes Gericht verwenden) | Salz
1 Zwiebel | 2 Knoblauchzehen
1 Bund gemischte Kräuter (z. B. Kerbel, Petersilie, Sauerampfer und Minze)
500 g gemischtes Hackfleisch
2 Eier (Größe M) | 4 EL Semmelbrösel
Pfeffer | 1 kräftige Prise frisch geriebene Muskatnuss | 16 große Salbeiblätter
2 EL Olivenöl | 1/8 l trockener Weißwein

Zubereitungszeit: 40 Minuten
+ 35–40 Minuten Braten
Kalorien pro Portion: 490 kcal

1_Den Mangold waschen und putzen. In einem weiten Topf Salzwasser aufkochen. Mangold einlegen und etwa 2 Minuten sprudelnd kochen lassen, bis die Blätter weich sind. In einem Sieb abschrecken und abtropfen lassen.

2_Den Backofen auf 180 Grad vorheizen (erst später einschalten: 160 Grad Umluft). Mangold gut ausdrücken und ganz fein hacken. Zwiebel und Knoblauch schälen und fein würfeln. Die gemischten Kräuter waschen und trockenschütteln. Blättchen von den Stängeln zupfen, fein schneiden. Alle diese Zutaten mit dem Hackfleisch, den Eiern und den Semmelbröseln in eine Schüssel füllen. Mit Salz, Pfeffer und dem Muskat würzen und mit den Händen so lange durchkneten, bis die Mischung gut zusammenhält.

3_Aus dem Fleischteig etwa 16 Bällchen formen und nebeneinander in eine ofenfeste Form setzen. Salbei waschen und trockentupfen. Jedes Fleischbällchen mit 1 Salbeiblatt belegen. Öl darüberträufeln, Wein seitlich angießen. Bällchen im Ofen (Mitte) 35–40 Minuten braten, bis sie schön braun sind.

Basic:

Herzen und Mägen, Nieren und Kutteln, Zungen, Drüsen und Hirne – oder schlicht Gekröse – das alles gilt in Frankreich als wahre Delikatesse. Bei uns sind diese Innereien nicht unbedingt jedermanns Geschmack. Wobei wir uns sehr gerne vom Gegenteil überzeugen lassen.

Wenn es ums Fleisch geht, gehen französische Köche aufs Ganze. Und zwar aufs ganze Tier – von der Schnauze bis zum Schwanz. Im Grunde gibt es nichts, das die bürgerliche Küche hier auslässt – bis hin zum typisch gallischen Hahnenkamm. Der Grund ist simpel: Es steckt einfach zu viel Geschmack in den Innenteilen und Organen der Tiere, um sie wegzulassen.

Wir aber setzen hier für den Einstieg eher auf etwas Kleines und Vertrautes: Hühnerklein als „ragout brut" (statt „ragout fin"), serviert in Blätterteigpasteten. Da muss nichts gewässert (wie Nieren etwa) oder von Adern bzw. Fett befreit werden. Und um den Geschmack der Innereien ein wenig abzumildern, kommen auch noch Hühnerbrust und Gemüse mit ins Ragout. Wer aber meint, lieber gleich zu „ragout fin" wechseln zu wollen – Vorsicht! Im Original gehört da auch Zunge rein. Und manchmal noch ein Hahnenkamm.

Ragout brut

Zutaten für 4 Personen:

Für das Ragout brut:
4 Hähnchenbrustfilets
1 Bund Suppengrün
1/4 l Kalbsfond (aus dem Glas)
1/4 l trockener Riesling
Salz
4 Hähnchenherzen
4 Hähnchenmägen
2 Hähnchenlebern
1 EL Mehl
2 EL Öl
150 g Crème double
4 Stängel Estragon
2 EL grober Dijon-Senf
weißer Pfeffer
Außerdem:
4 Blätterteigpasteten

Zubereitungszeit: 1 Stunde
Kalorien pro Portion: 570 kcal

1_Die Hähnchenbrustfilets waschen und mit Küchenpapier trockentupfen. Suppengrün waschen oder schälen, putzen und in feine Würfel schneiden.

2_Kalbsfond und Riesling mit 1/2 TL Salz und dem Suppengrün in einen Topf geben und 3–4 Minuten kochen lassen, bis das Gemüse bissfest ist. Nun die Hähnchenbrustfilets hineinlegen (Bild 1), den Sud einmal aufwallen lassen und den Topf von der Herdplatte ziehen. Die Hähnchenfilets in etwa 15 Minuten zugedeckt ganz sanft gar ziehen lassen.

3_Inzwischen Hähnchenherzen, -mägen und -lebern waschen (Bild 2) und gut mit Küchenpapier trockentupfen.

4_Das Hühnerklein mit dem Mehl überstäuben. Das Öl in einer Pfanne erhitzen. Die Lebern darin bei mittlerer Hitze auf jeder Seite etwa 1 Minute braten, herausnehmen. Dann die Herzen und Mägen in die Pfanne geben und 2–3 Minuten braten (Bild 3), dabei ab und zu umrühren und die Pfanne rütteln. Herausnehmen, abkühlen lassen.

5_Die Hähnchenbrustfilets aus dem Sud heben und trockentupfen, dann in kleine Würfel schneiden. Das Hühnerklein in ebenso große Stücke schneiden.

6_Den Sud bei starker Hitze auf etwa ein Viertel einkochen lassen, das dauert rund 6–8 Minuten. Dann die Crème double einrühren und die Sauce bei geringer Hitze in 2–3 Minuten behutsam cremig kochen (Bild 4). Zwischendurch den Backofen auf 120 Grad vorheizen (auch schon jetzt einschalten: 100 Grad Umluft) und darin die Blätterteigpasteten auf der mittleren Schiene 5 Minuten aufwärmen.

7_Zum Schluss den Estragon waschen, trockenschütteln und die Blättchen fein hacken. Mit Hähnchenfleisch, Hühnerklein und Senf unter die Sauce rühren, mit Salz und Pfeffer abschmecken. Ragout brut in die warmen Blätterteigpasteten füllen (Bild 5) und gleich servieren. Wer möchte, gibt am Tisch noch ein paar Spritzer Weißweinessig über die Pasteten.

Gemüse

Welche Pflanze ist die französischste? Die Artischocke? Oder doch die Aubergine? Die Schalotte? Zuckererbse? Am Ende gar die Kartoffel? Sicher ist auf jeden Fall, dass es eine zum Essen sein muss, denn das ist das Liebste, was die Franzosen mit ihren Gewächsen machen. Und da haben sie wie immer ganz wunderbare Verfahren dafür entwickelt: das Dünsten und Schmoren, Glacieren und Braisieren, Gratinieren oder Frittieren etwa, was längst noch nicht alles ist. Doch lest selbst.

Profis Liebling

Mise en place

Frei übersetzt heißt das, „die Dinge an ihren Platz bringen", und das ist am Morgen der bedeutendste Job in der Küche, bevor das Mittagessen serviert wird: die wichtigsten Zutaten so herrichten, dass ein Gericht nach der Bestellung rasch beim Gast ist. Ganz besonders gilt das für den Beilagen-Koch (siehe rechts), der sich außer um Gemüse, Kartoffeln und weiteres „Dazu" oft auch noch um Suppen und warme Vorspeisen kümmern muss. Und so beginnt sein Tag mit Waschen, Schälen, Putzen, Schneiden, Kochen, Blanchieren, Dämpfen, Ansetzen, Abfüllen und Aufschlagen – bis der Kühlschrank voll ist, und das Salzwasser in den Töpfen kocht. Alors, na dann!

Parlez-vous cuisine?

légumes	Gemüse
céleri	Sellerie
cèpes	Steinpilze
chanterelles	Pfifferlinge
chou	Kohl
chou fleur	Blumenkohl
concombre	Gurke
courgette	Zucchini
épinard	Spinat
flageolets	weiße Bohnen
haricots	Bohnen

Franck,
der Saucier

Sauce hollandaise

Butter ist ihr wichtigster Bestandteil, mit deren Aroma steht und fällt die Sauce. Am besten eignet sich die gut bindende Süßrahmbutter, um – warm in warm – nach sanftem Zerlassen in aufgeschlagene zimmerwarme Eigelbe gerührt zu werden, sodass beides fein zur Hollandaise emulgiert. Die „sauce hollandaise" ist klassisch zu Spargel und vielen anderen Gemüsen sowie zu Fisch und Meeresfrüchten.

Für 4 Personen 200 g Butter langsam im kleinen Topf schmelzen, bis die weiße Molke ausflockt. Diese von der klaren Butter trennen – dieses „Klären" macht die Hollandaise stabiler. Dann 3 Schalotten schälen, fein würfeln und mit 1 Lorbeerblatt und 150 ml Weißwein verkochen, bis noch 5 EL übrig sind. Durch ein Sieb gießen und mit je 1 Spritzer Worcestersauce und Weinessig und 3 Eigelben (Größe M) verrühren. Das Ganze im Wasserbad dickschaumig schlagen, ohne dass es gerinnt. Nun geklärte Butter erst tröpfchenweise, dann in dünnem Strahl unterrühren (nicht schlagen), bis eine cremig-luftige Sauce entstanden ist.

Chef de partie

Entremetier

Ein „entremetier" ist immer in Bewegung, hat im Zweifel von morgens bis abends was zu tun, und zu den Essenszeiten geht es erst richtig ab. Während sich die Fleisch- und Fischköche nur eine Bestellung pro Gast merken müssen, speichert der Beilagen-Koch je zwei bis drei Einträge: Suppe oder warme Vorspeise (gehören meist auch zu seinem Job), dann noch Sättigungsbeilage und Gemüse zum Hauptgang. Und die Sachen müssen genau dann zubereitet sein, wenn das Steak gerade richtig gebraten und der Fisch auf den Punkt pochiert ist – sonst gibt's Ärger. Wer Entremetier kann, kann alles.

Les petites nations Bourgogne

Nördlich des Lyonnais liegt die Speisekammer der Pariser, das Burgund. Da denkt man als Rotweintrinker an Burgunder, der nur aus der Pinot-Noir-Traube gekeltert wird, die wie alle Pinot-Trauben hier ihren Ursprung hat. Mit dem Chablis kann auch noch ein berühmter Weißer diese Region seine Heimat nennen. Schnecken gibt es allerdings kaum noch in den Weinbergen, weswegen die „escargots de Bourgogne" fast immer Importe sind. Bei einem Käse kann man sich darüber hinwegtrösten – das Burgund ist berühmt für seine Ziegen- und Briekäse sowie für den Rotschmierkäse Époisses und den herrlich deftigen Bruder des Camemberts, den Coulommiers. Und wo immer zwischen den Weiden und Weinbergen Platz ist, wird reichlich Gemüse von höchster Qualität angebaut.

Ratatouille

Klassiker mit der Erfolgsgarantie
– alles separat anbraten

Zutaten für 4 Personen:
4 schlanke Zucchini (etwa 400 g)
2 Auberginen (etwa 500 g)
je 1 große rote und gelbe Paprikaschote
400 g Tomaten
2 Zwiebeln
4 Knoblauchzehen
je 2 Zweige Thymian, Rosmarin, Petersilie, Oregano und Estragon
2 frische Lorbeerblätter
8–10 EL Olivenöl
Salz │ Pfeffer

Zubereitungszeit: 40 Minuten
+ 45 Minuten Garen
Kalorien pro Portion: 285 kcal

1_Das Gemüse waschen. Die Enden von
den Zucchini und den Auberginen abschneiden. Zucchini in knapp 1 cm dicke
Scheiben schneiden. Auberginen auch in
knapp 1 cm dicke Scheiben schneiden
und diese dann noch einmal vierteln. Die
Paprikaschoten vierteln, putzen und in
1 cm breite Streifen schneiden.

2_Aus den Tomaten die Stielansätze rausschneiden. Die Tomaten in eine Schüssel
legen, mit kochend heißem Wasser übergießen, kurz stehen lassen, abschrecken
und die Haut abziehen. Tomaten in Würfel
schneiden. Zwiebeln schälen, vierteln und
in nicht zu feine Streifen schneiden. Den
Knoblauch schälen und in möglichst feine
Scheiben schneiden. Kräuter und Lorbeerblätter waschen, trockenschütteln und mit
Küchengarn zusammenbinden.

3_Den Backofen auf 180 Grad vorheizen
(erst später einschalten: 160 Grad Umluft).
Einen schweren Topf auf den Herd stellen.
2 EL Öl hineingießen, heiß werden lassen.
Zucchini in zwei Portionen einrühren und
leicht braun braten, aus dem Topf nehmen.

4_Wieder 1 EL Öl im Topf erhitzen und die Paprika in zwei Portionen braten und wieder herausfischen. Jetzt nach und nach die Auberginen in 4 EL Öl anbraten und wieder herausnehmen.

5_Das restliche Öl in den Topf gießen, Zwiebeln und Knoblauch mit dem Kräuterbündel einrühren und kurz andünsten. Alle Gemüse und die Tomaten einrühren und locker mischen, salzen und pfeffern. Deckel auflegen und das Gemüse im Ofen (Mitte) etwa 45 Minuten garen. Dann vorsichtig durchrühren, abschmecken und heiß, lauwarm oder abgekühlt essen.

TIPP
Wer mag, kann das Gemüse auch auf dem Herd garen. Dann aber unbedingt schwache Hitze wählen.

Gratinierte Tomaten

Am allerbesten lauwarm schmecken lassen

Zutaten für 4 Personen:
6 Tomaten
je 1/4 Bund Thymian, Petersilie und Basilikum
2 Zweige Rosmarin
5–6 Rucolablätter (wer mag)
4 Knoblauchzehen
5 EL Olivenöl
Salz | Pfeffer
100 g Ziegenfrischkäse oder
80 g frisch geriebener Gruyère

Zubereitungszeit: 20 Minuten
+ 35 Minuten Braten
Kalorien pro Portion: 190 kcal

1_Den Backofen auf 180 Grad vorheizen (erst später einschalten: 160 Grad Umluft). Die Tomaten waschen, aus jeder Tomate den Stielansatz mit einem spitzen Messer wie einen Keil herausschneiden. Tomaten quer halbieren und dann nebeneinander so in eine ofenfeste Form legen, dass die Schnittflächen nach oben zeigen.

2_Kräuter waschen und trockenschütteln, Blättchen fein hacken und in eine kleine Schüssel füllen. Knoblauch schälen und dazupressen. Das Öl unterrühren und die Mischung leicht salzen und pfeffern. Jetzt entweder den Ziegenkäse mit einer Gabel oder mit den Fingern klein zerkrümeln und untermischen oder den geriebenen Gruyère unterrühren.

3_Tomaten leicht salzen und die Kräutermischung darauf verteilen. In den Ofen (Mitte) schieben und etwa 35 Minuten braten, bis der Belag leicht braun ist. Aus dem Ofen nehmen und die Tomaten lauwarm oder kalt essen.

Basic-TIPP
Ziegenkäse mögen Franzosen besonders gern – ganz egal ob frisch oder gereift. Diese Vorliebe teilen aber nicht alle, und deshalb wird hier als Alternative noch ein anderer Käse genannt. Diese Idee lässt sich auch auf andere Rezepte in diesem Buch übertragen: Einfach immer für den Käse entscheiden, den man besonders gerne mag. Übrigens: Wir haben beide Varianten ausprobiert und abgestimmt. Das Ergebnis lautete 4:2 – für den Ziegenkäse. Allerdings mochten die Befürworter der Ziegenkäse-Tomaten auch die Gruyère-Tomaten, umgekehrt war das nicht so klar. Also bitte selbst entscheiden!

Grüne Bohnen mit Zitrone und Sardellen

Schmeckt nach Süden und Sonne – und besonders gut zu Lamm

Zutaten für 4 Personen:
500 g grüne Bohnen
1/2 Bund Bohnenkraut
Salz
2 Schalotten
2 Knoblauchzehen
6 Zweige Thymian
1/2 Bio-Zitrone
6–8 in Öl eingelegte Sardellenfilets
(je nach Größe)
4 EL Olivenöl
Pfeffer

Zubereitungszeit: 35 Minuten
Kalorien pro Portion: 155 kcal

1_Bohnen waschen, Enden abschneiden oder abknipsen. Falls sich dabei Fäden lösen, ganz abziehen. Bohnen je nach Größe quer halbieren oder dritteln.

2_Das Bohnenkraut waschen und mit Wasser und Salz in einem Topf aufkochen. Bohnen dazugeben und in 8–12 Minuten bissfest kochen.

3_In der Zeit die Schalotten schälen, halbieren und in feine Streifen schneiden. Den Knoblauch schälen und fein hacken. Thymian waschen und trockenschütteln, Blättchen abstreifen (das geht am besten gegen die Richtung, in die sie wachsen). Die Zitronenhälfte heiß waschen und abtrocknen. Schale hauchdünn abschneiden und in feine Streifen schneiden. Etwa 2 EL Saft auspressen. Die Sardellen abtropfen lassen und kleiner schneiden.

4_Bohnen in ein Sieb gießen und kurz abschrecken, abtropfen lassen. Bohnenkraut entfernen. Öl in dem Topf erhitzen. Schalotten, Knoblauch und Thymian einrühren und 3–4 Minuten bei mittlerer Hitze braten. Die Zitronenschale und die Sardellen mit den Bohnen untermischen und erhitzen. Mit Salz, Pfeffer und dem Zitronensaft abschmecken.

Glasierte Radieschen

Beilage für Neugierige, die zu Schwein oder Geflügel passt

Zutaten für 4 Personen:
500 g Radieschen (mit frischem Grün)
2 EL Butter | 1/2 EL Zucker
150 ml Hühner- oder Gemüsebrühe
Salz | Pfeffer | 1 TL Zitronensaft

Zubereitungszeit: 20 Minuten
Kalorien pro Portion: 80 kcal

1_Die Radieschen waschen, zarte Blätter abzupfen und aufheben. Die Radieschen putzen, kleinere halbieren, große vierteln. Die Butter im Topf zerlaufen lassen, den Zucker einrühren und schmelzen. Radieschen untermischen und 3–4 Minuten bei starker Hitze in der Butter durchrühren, bis sie leicht gebräunt sind.

2_Die Radieschenblätter untermischen und zusammenfallen lassen, die Brühe angießen. Die Radieschen zugedeckt 2–3 Minuten dünsten, dann den Deckel abnehmen und die Flüssigkeit cremig einkochen lassen. Radieschen mit Salz, Pfeffer und Zitronensaft würzen.

Honigmöhren mit Frühlingszwiebeln

Zarter Genuss, der bestens mit Kalb oder Fisch harmoniert

Zutaten für 4 Personen:
300 g junge Möhren
1 Bund Frühlingszwiebeln
2 EL Butter
100 ml Gemüsebrühe oder Weißwein
1 EL Honig | Salz | Pfeffer
1 TL Zitronensaft

Zubereitungszeit: 25 Minuten
Kalorien pro Portion: 95 kcal

1_Möhren schaben oder schälen, größere Möhren der Länge nach halbieren oder vierteln. Die Frühlingszwiebeln waschen, Wurzelbüschel und welke grüne Teile abschneiden. Einen Teil vom knackigen Grün weglegen, den Rest in etwa 5 cm lange Stücke schneiden. Sind die Zwiebelstücke dick, zusätzlich einmal der Länge nach durchschneiden.

2_Butter in einem weiten Topf zerlassen. Möhren einrühren und andünsten. Mit Brühe oder Wein ablöschen, zudecken und etwa 6 Minuten bei mittlerer Hitze garen. Zwiebelstücke und Honig untermischen. Gemüse salzen und pfeffern und zugedeckt weitere 3–4 Minuten garen, bis es bissfest ist. Das Zwiebelgrün in Ringe schneiden. Gemüse mit Zitronensaft und eventuell noch mehr Salz und Pfeffer abschmecken, Zwiebelringe aufstreuen.

VARIANTE: Käsemöhren

4 Schalotten schälen und achteln. 400 g Möhren schälen, in 1 cm dicke Scheiben schneiden. Beides in 2 EL Butter andünsten und mit 150 ml Gemüsebrühe oder Weißwein in 8–10 Minuten bei mittlerer Hitze bissfest dünsten. 75 g Roquefort würfeln und mit 75 g Sahne unterrühren, schmelzen lassen. Mit Pfeffer und Salz würzen. Die Käsemöhren schmecken gut zu Schweinekoteletts oder Steaks.

Senfschalotten

Würziger Genuss – richtig gut zu Kaninchen oder Kalb

Zutaten für 4 Personen:
500 g kleine Schalotten
2 EL Butter
1/8 l Cidre oder Gemüsebrühe
4 Stängel Estragon
1 EL Dijon-Senf
100 g Crème fraîche oder Crème double
Salz | 1 Prise Zucker

Zubereitungszeit: 25 Minuten
Kalorien pro Portion: 190 kcal

1 Schalotten schälen und ganz lassen. Butter im Topf zerlassen, Schalotten darin leicht braun anbraten. Mit dem Cidre oder der Brühe begießen, Deckel auflegen und die Schalotten bei schwacher bis mittlerer Hitze zugedeckt 8–10 Minuten schmoren, bis sie bissfest sind.

2_Inzwischen den Estragon waschen und trockenschütteln, Blättchen abzupfen und fein hacken. Mit Senf und Crème fraîche oder Crème double unter die Schalotten rühren, mit Salz und Zucker abschmecken.

Kohl mit Roquefortsauce

Würzige Beilage zu Huhn oder Schweinekoteletts

Zutaten für 4 Personen:
1 kleiner Weißkohl (etwa 1 kg)
1 EL Butter | 200 ml Gemüsebrühe
250 g Tomaten
100 g Roquefort
150 g Crème fraîche
1 Handvoll Kerbel
Salz | Pfeffer

Zubereitungszeit: 30 Minuten
Kalorien pro Portion: 315 kcal

1_Vom Kohl die äußeren, welken Blätter entfernen, Kohl waschen und vierteln. Aus jedem Viertel den dicken Strunk in der Mitte herausschneiden. Den Kohl quer in knapp 1 cm breite Streifen schneiden.

2_Die Butter im Topf schmelzen lassen. Kohlstreifen einrühren und bei mittlerer Hitze andünsten, Brühe angießen. Deckel auflegen und den Kohl in 12–15 Minuten bissfest garen. Ab und zu umrühren und nachschauen, ob noch genug Flüssigkeit im Topf ist. Eventuell etwas nachgießen.

3_Inzwischen aus den Tomaten die Stielansätze herausschneiden. Die Tomaten in einer Schüssel mit kochend heißem Wasser übergießen, kurz ziehen lassen, abschrecken, die Haut abziehen. Tomaten klein würfeln. Käse ebenfalls würfeln.

4_Die Tomaten und den Käse mit Crème fraîche unter die Kohlstreifen mischen und noch etwa 2 Minuten weitergaren, bis der Käse geschmolzen ist. Inzwischen Kerbel waschen und trockenschütteln, die Blättchen von den Stielen zupfen und grob hacken. Kohl salzen und pfeffern, Kerbel untermischen.

VARIANTE: Dicke Bohnen mit Käsebutter

400 g enthülste dicke Bohnen in Salzwasser in 15–20 Minuten bissfest kochen. 1/2 Bund gemischte Kräuter (z. B. Thymian, Basilikum und Petersilie) waschen und trockenschütteln, hacken. 50 g Roquefort zerdrücken. Kräuter und Käse mit 50 g weicher Butter und 1/4 TL fein abgeriebener Bio-Zitronenschale mischen, salzen und pfeffern. Die Bohnen abgießen und in einer vorgewärmten Schüssel mit der Käsebutter mischen.

Sahnegurken mit Kerbel

Saftig und sämig – perfekt zu Huhn, Kaninchen, Kalbfleisch oder sogar Fisch

Zutaten für 4 Personen:
2 Salat- oder Gemüsegurken (etwa 700 g)
2 Schalotten
2 Knoblauchzehen
1 große Handvoll Kerbel
2 EL Butter
2 EL Noilly Prat oder Gemüsebrühe (ersatzweise geht auch Wasser)
100 g Sahne oder Crème fraîche
1–2 TL Dijon-Senf
Salz | Pfeffer

Zubereitungszeit: 20 Minuten
Kalorien pro Portion: 155 kcal

1_Die Gurken schälen und der Länge nach durchschneiden. Die Kerne aus der Mitte mit einem Teelöffel herauskratzen, die Gurkenhälften quer in etwa 1/2 cm dicke Scheiben schneiden.

2_Schalotten und Knoblauch schälen. Schalotten halbieren und in Streifen, den Knoblauch in dünne Scheiben schneiden. Kerbel waschen und trockenschütteln, Blättchen fein hacken (eventuell vorher noch ein paar Blättchen für die Garnitur beiseitelegen).

3_Butter bei mittlerer Hitze in einem Topf zerlaufen lassen. Die Schalotten und den Knoblauch einrühren und andünsten. Die Gurken dazurühren und kurz mitdünsten. Mit dem Noilly Prat oder der Gemüsebrühe begießen. Den Deckel auflegen, die Hitze klein stellen und Gurken im eigenen Saft in etwa 5 Minuten bissfest garen.

4_Dann den Kerbel unterrühren und zusammenfallen lassen. Die Sahne oder die Crème fraîche und den Senf untermischen und bei starker Hitze gut aufkochen. Das Gemüse mit Salz und Pfeffer abschmecken und in eine vorgewärmte Schüssel füllen. (Eventuell noch mit ein paar Kräuterblättchen garnieren.)

Grüne Erbsen mit feinen Salatstreifen

Feinschmecker-Klassiker, der sich gut zu Koteletts und zu Braten aus dem Ofen macht

Zutaten für 4 Personen:
750 g Erbsen in der Hülse
(ersatzweise 300 g TK-Erbsen)
3 Schalotten
200 g Romana- oder Endiviensalat
100 ml trockener Weißwein
Salz | Pfeffer
1 Prise Zucker
1/4 Bund Petersilie (auch fein:
1 Handvoll Kerbel)
2 EL Butter

Zubereitungszeit: 30 Minuten
Kalorien pro Portion: 140 kcal

1_Die Erbsenschoten aufbrechen und die Erbsen von den Hülsen abstreifen. Die Schalotten schälen und in dünne Scheiben schneiden. Die Salatblätter auseinanderlösen, waschen, trockenschütteln und in feine Streifen schneiden.

2_Erbsen und Schalotten mit dem Wein, Salz, Pfeffer und dem Zucker in einem Topf zum Kochen bringen. Zugedeckt bei mittlerer Hitze etwa 5 Minuten garen. Dann die Salatstreifen untermischen und das Gemüse noch einmal etwa 5 Minuten garen, bis die Erbsen bissfest sind.

3_Inzwischen die Petersilie waschen und trockenschütteln, von den groben Stängeln befreien und hacken. Die Butter in kleine Würfel schneiden und mit der Petersilie mit einer Gabel unter das Gemüse ziehen, abschmecken, servieren.

TIPP

Diese saftigen Erbsen kommen in Frankreich so gut wie nie gemeinsam mit Fisch, Fleisch oder Geflügel auf einen Teller, sondern es gibt sie als eigenständigen Gang im Menü. Ihr angestammter Platz ist nach dem Fleischgang. Wir finden sie aber auch und vor allem als Beilage super!

Kartoffelpüree mit Oliven

Südfranzösische Beilage zu Fisch oder Fleisch

Zutaten für 4 Personen:
800 g vorwiegend festkochende
Kartoffeln
Salz
150 g grüne Oliven
4 Stängel Petersilie
80 ml Gemüsefond (aus dem Glas)
1 EL Crème fraîche oder Ziegenfrischkäse (2 EL mehr Olivenöl gehen auch)
6 EL Olivenöl
1 TL Zitronensaft
Pfeffer

Zubereitungszeit: 30 Minuten
Kalorien pro Portion: 300 kcal

1_Die Kartoffeln schälen, waschen und in gut 2 cm große Würfel schneiden. In einem Topf mit Wasser bedecken, salzen und bei starker Hitze zum Kochen bringen. Den Deckel auflegen, Hitze auf schwache Stufe schalten und die Kartoffeln in ungefähr 15 Minuten gut weich kochen.

2_Inzwischen das Olivenfleisch von den Steinen schneiden und grob hacken. Die Petersilie waschen, trockenschütteln und die Blättchen fein hacken.

3_Die Garflüssigkeit von den Kartoffeln abgießen. Den Gemüsefond dazuschütten und erhitzen. Kartoffeln im Fond mit dem Kartoffelstampfer fein zerdrücken. Crème fraîche oder Ziegenfrischkäse und Olivenöl unterrühren, die Oliven und die Petersilie unterziehen. Das Püree mit Zitronensaft, Salz und Pfeffer würzen. Fertig!

VARIANTE: Kürbis-Maronen-Püree

1 Stück Kürbis (etwa 700 g) schälen und die Kerne mitsamt dem faserigen Fleisch aus der Mitte herausschneiden. Kürbis grob würfeln. 2 Schalotten schälen, fein würfeln und mit dem Kürbis in 2 EL Butter andünsten. 1/4 l Gemüsebrühe zugießen. Deckel auflegen und den Kürbis ungefähr 15 Minuten bei mittlerer Hitze garen, bis er weich ist. Dann in der Garflüssigkeit mit dem Kartoffelstampfer fein zerdrücken. 250 g geschälte, gegarte Maronen (vakuumverpackt) in der Küchenmaschine fein zerkleinern und unter das Kürbispüree rühren. 2 EL Butter klein würfeln und mit in den Topf geben. Alles gut miteinander vermischen. Mit Salz, Pfeffer und frisch geriebener Muskatnuss abschmecken.

VARIANTE: Selleriepüree mit Nüssen

700 g Knollensellerie und 200 g vorwiegend festkochende Kartoffeln schälen, waschen und in grobe Würfel schneiden. Mit 1/4 l Gemüsebrühe im Topf aufkochen und bei schwacher Hitze zugedeckt in 15–20 Minuten gut weich werden lassen. Mit dem Kartoffelstampfer zerdrücken. 50 g Butter in Würfel schneiden und mit 50 g Sahne unter das Püree ziehen. Mit Salz, Pfeffer und frisch geriebener Muskatnuss abschmecken. 2 EL Haselnusskerne grob hacken und in 1 EL Butter leicht anrösten. Püree in eine Schüssel füllen und vorm Servieren die Nüsse aufstreuen.

VARIANTE: Möhrenpüree mit Käse

500 g Möhren schälen und grob würfeln. 2 Tomaten mit kochend heißem Wasser überbrühen, abschrecken, häuten und grob würfeln, dabei die Stielansätze herausschneiden. 2 Schalotten schälen und fein würfeln. 4 Zweige Thymian waschen, trockenschütteln und die Blättchen abzupfen. Alles in 1 EL Butter andünsten. Mit 100 g Crème fraîche mischen und bei schwacher Hitze zugedeckt in etwa 15 Minuten gut weich garen. 100 g Ziegenfrischkäse oder Blauschimmelkäse in Stücke teilen und kräftig mit dem Pürierstab untermixen. Mit Salz, Pfeffer und 1 Messerspitze Honig abschmecken.

Gefüllte Gemüse

Zum Sattessen oder als
Vorspeise für 8 Gäste

Zutaten für 4 Personen:
1 kleine Aubergine
4 flache, kleine Zwiebeln
Salz
2 kleine Paprikaschoten
4 junge Zucchini
4 Tomaten
2–3 Scheiben Weißbrot vom Vortag
(etwa 80 g)
150 ml Milch
2 Knoblauchzehen
8 Zweige Thymian
1/2 Bund Petersilie
2 EL Olivenöl
300 g Rinder-, Kalbs- oder Lamm-
hackfleisch
1 Ei (Größe M)
Pfeffer | Chilipulver

Zubereitungszeit: 50 Minuten
+ 40 Minuten Backen
Kalorien pro Portion: 365 kcal

1_Die Aubergine waschen und der Länge
nach durchschneiden. Zwiebeln schälen.
In einem Topf Salzwasser zum Kochen
bringen. Auberginenhälften und Zwiebeln
darin etwa 5 Minuten kochen. In ein Sieb
abschütten und abschrecken.

2_Von den Zwiebeln einen kleinen Deckel
abschneiden und das Innere bis auf zwei
Schichten herauslösen. Die Auberginenhälften jeweils noch mal quer halbieren.
Das Fleisch mit einem Löffel bis auf einen
gut 1 cm dicken Rand aushöhlen. Ausge-
höhltes Zwiebel- und Auberginenfleisch
klein würfeln.

3_Paprikaschoten, Zucchini und Tomaten
waschen. Paprika längs halbieren und die
Trennwände mit den Kernen rauszupfen.
Die Zucchini längs durchschneiden, das
Fruchtfleisch mit einem Löffel rausschaben
und ebenfalls hacken. Von den Tomaten
einen Deckel abschneiden und das Fruchtfleisch rauslöffeln.

4_Das Brot entrinden, grob würfeln und
mit der Milch mischen. Knoblauch schälen
und fein hacken. Thymian und Petersilie
waschen und trockenschütteln, die Blättchen abzupfen und fein hacken.

5_In einer Pfanne 1 EL Öl erhitzen und
den Knoblauch darin mit je 3 EL vom
gehackten Auberginen-, Zwiebel- und
Zucchinifleisch andünsten. Die gehackten
Kräuter dazugeben und nur zusammenfallen lassen.

6_Den Backofen auf 180 Grad vorheizen
(erst später einschalten: 160 Grad Umluft).
Das Weißbrot ausdrücken und mit dem
gedünsteten Gemüse, dem Hackfleisch
und dem Ei gut verkneten. Mit Salz, Pfeffer
und Chili abschmecken und die Masse in
die ausgehöhlten Gemüse füllen.

7_Die gefüllten Gemüse nebeneinander
in eine ofenfeste Form setzen. Das übrige
gehackte Gemüse mit dem ausgehöhlten
Tomatenfleisch und 1/8 l Wasser mischen,
salzen, pfeffern und neben das gefüllte
Gemüse löffeln. Das restliche Olivenöl
darüberträufeln.

8_Die Form in den Ofen (Mitte) schieben
und das Gemüse etwa 40 Minuten backen,
bis es schön gebräunt ist. Nur kurz stehen
lassen, dann heiß servieren. Es schmeckt
aber auch lauwarm oder kalt sehr gut.

Chicoréegratin

Klassiker – auch zum Sattessen

Zutaten für 4 Personen:
8 Stauden Chicorée (etwa 1 kg)
Salz │ 1 TL Zucker
2 EL Butter
1 1/2 EL Mehl │ 200 ml Milch
200 g frisch geriebener Gruyère
oder Comté
Pfeffer │ frisch geriebene Muskatnuss
2 Stängel Estragon oder Minze oder
4 Stängel Petersilie
8 große Scheiben gekochter Schinken

Zubereitungszeit: 30 Minuten
+ 30 Minuten Backen
Kalorien pro Portion: 390 kcal

1_Chicorée waschen, die welken Blätter ablösen und den Strunk jeweils wie einen Keil spitz herausschneiden. 1/2 l Salzwasser mit dem Zucker in einem Topf zum Kochen bringen. Den Chicorée darin etwa 10 Minuten kochen lassen, dann mit dem Schaumlöffel herausheben, von dem Kochsud 200 ml abmessen. Den Backofen auf 180 Grad vorheizen (erst später einschalten: 160 Grad Umluft).

2_Für die Béchamelsauce in einem Topf 1 1/2 EL Butter schmelzen. Das Mehl einrühren und bei mittlerer Hitze hellgelb anschwitzen. Milch und Kochsud mischen und nach und nach unter kräftigem Rühren dazulaufen lassen. Sauce etwa 10 Minuten bei schwacher Hitze offen köcheln lassen, bis sie dickflüssig wird. 100 g Käse einrühren und schmelzen lassen. Sauce mit Salz, Pfeffer und Muskat würzen. Kräuter waschen, trockenschütteln, Blättchen von den Stängeln zupfen und fein hacken.

3_Jede Chicoréestaude in 1 Scheibe Schinken wickeln und nebeneinander in eine ofenfeste Form legen. Kräuter unter die Sauce rühren und über den Chicorée gießen. Restlichen Käse aufstreuen. Die übrige Butter klein würfeln und auflegen. Gratin im Ofen (Mitte) etwa 30 Minuten backen, bis es schön braun ist.

VARIANTE: Mangold-Apfel-Gratin

500 g Mangold waschen, Blätter ablösen und grob schneiden. Die Stiele in Streifen schneiden. Beides in kochendem Salzwasser etwa 5 Minuten garen, abschrecken und abtropfen lassen. 2 Äpfel vierteln, schälen, entkernen und in Scheiben schneiden. 1 Bund Frühlingszwiebeln waschen, putzen und in Ringe schneiden. Die Béchamelsauce wie beschrieben mit 400 ml Milch (kein Kochwasser nehmen) zubereiten. Statt Gruyère oder Comté 150 g Blauschimmelkäse (Roquefort oder Bleu d'Auvergne) würfeln und gut die Hälfte davon in die Sauce rühren. Äpfel, Mangold und Zwiebeln in einer ofenfesten Form mischen, die Sauce darüberlaufen lassen. Restliche Käsewürfel und 1 Handvoll zerkrümelte Walnusskerne darauf verteilen. Gratin wie beschrieben backen.

VARIANTE: Kürbisgratin

1 Stück Kürbis (etwa 1,2 kg) schälen, putzen und in dünne Scheiben schneiden oder hobeln. 1 Bund Frühlingszwiebeln waschen, putzen und in Ringe schneiden. Beides in einer ofenfesten Form mischen, salzen und pfeffern. 200 g Sahne und 50 ml Milch mischen, seitlich angießen. 1 Handvoll zerkrümelte Walnusskerne aufstreuen. 125 g Roquefort würfeln und mit 100 g frisch geriebenem Comté mischen, ebenfalls auf dem Kürbis verteilen. Mit 1 EL Butter in Flöckchen belegen. Gratin wie beschrieben backen (eventuell noch 5 Minuten länger).

im Bild: Pommes duchesse

Basic:

Auch wenn Deutsche und Iren schon mal als „Kartoffelfresser" gelten, zum Klassiker ist der Erdapfel aber erst geworden, als die Franzosen ihn entdeckt haben, den „pomme de terre".

Man muss nur einmal den guten alten Auguste Escoffier (französischer Großkoch und der erste Starkoch der Welt) fragen, der in seinem „Kochkunstführer" Anfang des 20. Jahrhunderts fast 60 Kartoffel-gerichte notiert hat – von „pommes de terre frites" (genau) über „pommes à la menthe" (neue Kartoffeln mit Minze ohne Salz gekocht) bis „pommes dauphine" (panierte und frittierte Teilchen aus einer Krokettenmasse mit Brandteig).

Sie hat nun mal eine Menge drauf in der Küche, die Kartoffel, und französische Köche schätzen das. Und darum haben sie so lange mit ihr gekocht, gedämpft, gedünstet, gebraten, frittiert, braisiert, püriert, gratiniert, gebacken, gestampft und geformt, bis die Welt um eine ganze Reihe Klassiker reicher war.

Drei spezielle Beilagen stellen wir hier vor: Eine kommt aus dem heißen Fett, wo sich schlichte Scheiben in kleine Kissen verwandeln; aus dem Ofen holt man eine gutbürgerliche Alternative zur Krokette und einen Klassiker, bei dem Kartoffeln mit Sahne und Käse in eine Form ge-schichtet und darin gebacken werden.

Pommes de terre

Soufflé de pommes de terre

Oder auch: Soufflé-Kartoffeln

Zutaten für 4 Personen:
700 g nicht zu große, mehlig kochende Kartoffeln
2 kg Fett zum Frittieren | Salz

Zubereitungszeit: 30 Minuten
Kalorien pro Portion: 170 kcal

1_Die Kartoffeln schälen und in 3–4 mm dünne Scheiben schneiden. Diese im Sieb mit kaltem Wasser abspülen und zwischen zwei Handtüchern gut trockentupfen.

2_In zwei weiten Töpfen je die Hälfte des Frittierfetts erhitzen – eine auf 150 Grad, die andere auf 170 Grad. Der Temperaturunterschied ist wichtig, daher am besten die Hitze mit einem Küchenthermometer (gibt es im Fachhandel) messen.

3_Nun die trockenen Kartoffelscheiben portionsweise ins kühlere Fett geben und 6–8 Minuten garen, bis sie gerade Farbe haben. Öfters rühren, damit nichts klebt.

4_Die Kartoffeln mit dem Schaumlöffel aus dem Fett heben, abtropfen lassen und in das heißere Fett geben, wo sie sich nun in 2–3 Minuten goldgelb aufblähen. Dann herausheben, auf Küchenpapier abfetten lassen und salzen. Lecker zu Kalbssteaks, Geflügel, gebratenem Fisch.

Pommes duchesse

Oder auch: Herzoginkartoffeln

Zutaten für 4 Personen:
700 g vorwiegend festkochende Kartoffeln
Salz | 3–4 Eigelb (Größe M)
frisch geriebene Muskatnuss
4 EL Sahne | Butter für das Backblech

Zubereitungszeit: 30 Minuten
+ 10–15 Minuten Backen
Kalorien pro Portion: 225 kcal

1_Kartoffeln waschen und in der Schale in Salzwasser in 15–20 Minuten gar kochen. Die Knollen sofort heiß pellen und gründlich stampfen oder durch eine Kartoffelpresse drücken, dann mit 2 Eigelben vermengen. Die Masse sollte geschmeidig und zudem fest genug sein, um sie formen zu können. Sonst noch 1 Eigelb zur Bindung und Glättung untermengen. Mit Salz und Muskat würzen. Ein Backblech buttern.

2_Die heiße Masse (kalt lässt sie sich schwer formen) in einen Spritzbeutel mit Sterntülle füllen und in gut 5 cm hohen Rosetten auf das Blech spritzen. Völlig abkühlen lassen.

3_Den Backofen auf 200 Grad (180 Grad Umluft) vorheizen. Übriges Eigelb mit Sahne verrühren und die Rosetten damit bepinseln. In den Ofen (Mitte) schieben und in 10–15 Minuten goldgelb backen. Passt zu Braten, Wild und Steaks.

Gratin dauphinois

Oder auch: Kartoffelgratin

Zutaten für 4 Personen:
500 g vorwiegend festkochende Kartoffeln
1 Knoblauchzehe
2 EL Butter + etwas mehr für die Form
Salz | weißer Pfeffer
200 g Sahne
70 g frisch geriebener Gruyère

Zubereitungszeit: 10 Minuten
+ 40 Minuten Backen
Kalorien pro Portion: 380 kcal

1_Den Backofen auf 180 Grad vorheizen (auch schon jetzt einschalten: 160 Grad Umluft). Kartoffeln schälen, waschen und in möglichst gleichmäßig dünne Scheiben schneiden, höchstens 1/2 cm dick.

2_Die Knoblauchzehe halbieren und eine flache ofenfeste Form damit ausreiben, dann mit Butter einfetten. Die Kartoffeln in der Form in einer Schicht wie Dachziegel nicht zu flach auffächern. Mit Salz und Pfeffer würzen.

3_Die Sahne über die Kartoffeln gießen, den Käse gleichmäßig aufstreuen. Die Butter in Flöckchen darüber verteilen. Die Form in den Ofen (Mitte) schieben und das Gratin in etwa 40 Minuten goldbraun und knusprig backen. Am allerbesten zu Braten und Koteletts vom Lamm oder Schwein servieren.

Desserts & Patisserie

Am Ende des Menüs kommt die französische Küche noch mal richtig groß raus. Sie hat nicht nur dem Finale („dessert") und seinem Vollstrecker („pâtissier") die weltweit gültigen Namen gegeben, auch „mousse" und „crème", „parfait" und „sorbet", „tarte" und „éclairs" sind Klassiker der süßen Küche, deren Ursprung in Frankreich liegt. Richtig gut werden diese aber erst, wenn man sie nach Art des Landes zubereitet: mit den besten Zutaten, die man kriegen kann, und jeder Menge Fantasie. Also, auf geht's zum Endspurt.

Profis Liebling

Coulis de fruit

Wenn der „pâtissier" (siehe rechts) beim Dessert noch einen neuen Ton in Farbe und Geschmack setzen will, greift er gerne zum „coulis". Das ist ein gesüßtes Püree aus Früchten, die roh oder gegart mit Zuckersirup gemixt und durch ein feines Sieb gestrichen wurden. Hierfür sind vor allem Beeren gut, aber auch manche Steinfrüchte sowie Exoten wie Mango, Papaya oder Kiwi. Aber Achtung: Zu viele verschiedene Früchte können das Grund-aroma eines Desserts übertönen! Und übri-gens: „Coulis" gibt es auch mit Gemüse, aber das ist wieder ein ganz anderes Kapitel.

Parlez-vous cuisine?

pâtisserie	Konditorei
cerises	Kirschen
clafoutis	Obstauflauf
crème	Sahne
flan	Pudding
fraises	Erdbeeren
framboises	Himbeeren
fromage	Käse
glace	Eis
miel	Honig
myrtilles	Heidelbeeren
pêches	Pfirsiche
poires	Birnen
pommes	Äpfel

Franck,
der Saucier

Sabayon

Die „sabayon" funktioniert ähnlich wie die Hollandaise (Seite 107), nur dass hier Flüssigkeit statt Fett in die Eigelbe gerührt wird, was einiges viel einfacher macht. In der pikanten Küche sind das meist Brühen und Fonds, in der süßen Küche Säfte und Weine. Man serviert diese süße Schaumsauce zu Desserts mit Früchten, Eis oder Mehlspeisen.

Für 300 ml Wein-Sabayon 2 Eigelb (Größe M) mit 50 g Puderzucker in eine Schüssel (am besten aus Metall und mit rund gewölbtem Boden) geben und über einem heißen Wasserbad dick-cremig schlagen. Dann kommen 200 ml erwärmter Weißwein dazu und alles wird weiter aufgeschlagen, bis eine luftige, cremige Sauce entstanden ist. Dicker wird die Sauce, wenn man statt Wein nur 50 ml Likör verwendet. Und wenn die Sabayon etwas stehen muss, sollte man noch 1/2 TL Speisestärke (mit wenig kaltem Wasser angerührt) vor dem Aufschlagen unter die Flüssigkeit mischen.

Chef de partie

Pâtissier

Was der Schlagzeuger in einer Band ist, das ist der „pâtissier" in der Küche – ein Schwerstarbeiter im Hintergrund, dessen kunstvolle Werke von den Kollegen im hitzigen Zentrum nicht recht ernst genommen werden. Das macht ihm aber gar nichts aus, denn ihm genügt es, wenn man ihn in seiner Welt nicht weiter behelligt, damit er ganz in Ruhe Sahne dressieren, Zucker ziehen und feinste Torten zusammenbauen kann. Nicht selten ist ihm der mittägliche und abendliche Trubel in der Restküche ohnehin fremd, da er sein Handwerk morgens in einer Backstube gelernt hat. Wenn es aber mal richtig hart auf hart kommt, suchen Köche oft die Ruhe in der „pâtisserie" – und lassen sich dabei gerne von einem süßen Trommelsolo verwöhnen.

Les petites nations   Normandie

„Herbes Land, milde Produkte" könnte man denken, wenn man sich den Norden Frankreichs aus der Sicht des Feinschmeckers betrachtet. Beste Sahne und Butter entstehen aus der Milch jener Kühe, die auf den Weiden der Normandie grasen, dazu kommen aromatische Äpfel der Region und der herrliche Calvados, der aus ihnen gewonnen wird. Aber da ist auf der anderen Seite der Cidre, der einem als traditionell ausgebauter „cidre brut" ziemlich herb kommen kann, und beim hier so beliebten Schwein kennen die Normannen genauso wenig Scheu vor den innersten Innereien wie vor den Schätzen des tiefen Ozeans für die Meeresfrüchteplatte. Wer dann noch einen echten, schön durchgereiften Rohmilch-Camembert probiert, weiß endgültig Bescheid: Die Normandie ist was für Kenner – aber die wollen dann von nichts anderem mehr wissen.

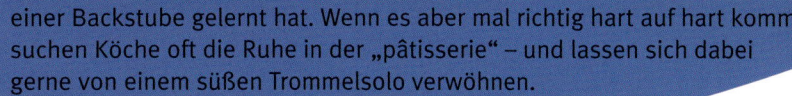

Mousse au chocolat

Wunderbar cremig – und bei uns ganz ohne Butter!

Zutaten für 4–6 Personen:
200 g Zartbitter-Schokolade (70 % Kakaoanteil sollte die schon haben!)
4 ganz frische Eier (Größe M)
150 g Sahne
3 EL Zucker

Zubereitungszeit: 20 Minuten
+ 2–4 Stunden Kühlen
Kalorien pro Portion (bei 6 Personen): 340 kcal

1_Die Schokolade in Stücke brechen und in eine hitzefeste Tasse füllen. Die Tasse in einen Topf mit heißem Wasser stellen und die Schokolade schmelzen lassen. Das geht schneller und gleichmäßiger, wenn man ab und zu umrührt. Aus dem Wasser nehmen, lauwarm werden lassen.

2_Die Eier trennen. Die Eiweiße zu sehr steifem Schnee schlagen und in den Kühlschrank stellen, damit sie auch fest bleiben. Sahne ebenfalls steif schlagen.

3_Die Eigelbe mit dem Zucker schön schaumig schlagen. Langsam nach und nach die Schokolade dazufließen lassen und gut unterrühren. Den Eischnee und die Sahne getrennt mit dem Schneebesen locker, aber gründlich unterheben. Die Mousse in Portionsschälchen füllen und 2–4 Stunden in den Kühlschrank stellen, bis sie fest ist. Oder in der Schüssel kühl stellen und dann zum Servieren von der Mousse Nocken abstechen.

TIPP
Für die Mousse gibt es wie für fast alle Rezepte unzählbar viele verschiedene Varianten: Manche mischen Butter unter die Creme, andere nehmen nur Eiweiß und kein Eigelb und auch keine Sahne. Wieder andere rühren ein zusätzliches Aroma unter die Masse: gut schmecken eingekochter Kaffee oder Portwein. Dafür 100 ml von einem der beiden mit 1–2 EL Zucker in einem Topf in etwa 10 Minuten bei starker Hitze dickflüssig einkochen lassen. Abkühlen lassen und dann mit der Schokolade unter die Eigelbcreme rühren.

Crème caramel

Dauerbrenner für alle Süßschnäbel

Zutaten für 6 Personen:
1 dicke, fleischige Vanilleschote
1/4 l Milch
250 g Sahne
140 g Zucker
3 Eier (Größe M)
2 Eigelb (Größe M)

Zubereitungszeit: 30 Minuten
+ 45 Minuten Garen
+ 4 Stunden Kühlen
Kalorien pro Portion: 315 kcal

1_Vanilleschote längs aufschlitzen und aufklappen, Mark mit dem Messerrücken herausschaben. Beides mit Milch und Sahne in einen Topf geben. Aufkochen, neben dem Herd kurz nachziehen lassen.

2_Sechs ofenfeste Portionsförmchen (je etwa 200 ml Inhalt) nebeneinander in eine Auflaufform stellen. 80 g Zucker in einem Topf mit 2 EL Wasser bei starker Hitze flüssig und karamellbraun werden lassen. Nicht umrühren! Karamell in den Portionsförmchen verteilen.

3_Den Backofen auf 150 Grad vorheizen (erst später einschalten: 130 Grad Umluft). Die Vanilleschote aus der Milchmischung fischen. Eier, Eigelbe, Milch und restlichen Zucker gründlich miteinander verquirlen. Vorsichtig auf den Karamell in den Förmchen gießen.

4_Jetzt so viel kochend heißes Wasser in die Auflaufform füllen, dass die Portionsförmchen zu zwei Drittel ihrer Höhe darin stehen. In den Ofen (unten) schieben und die Masse etwa 45 Minuten garen, bis sie fest ist. Abkühlen lassen, dann vor dem Servieren mindestens 4 Stunden in den Kühlschrank stellen. Zum Servieren einen Dessertteller oder ein Schälchen umgedreht auf jeden Flan setzen. Beides mit Schwung umdrehen und den Flan so auf den Teller oder in das Schälchen stürzen.

VARIANTE: Crème brulée

Nur die Creme ohne den Karamell in den Förmchen garen und fest werden lassen. Dann vor dem Servieren nicht stürzen, sondern jede Portion mit 1 EL Puderzucker bestäuben und diesen untern den heißen Grillschlangen (10 cm Abstand) in etwa 5 Minuten karamellisieren lassen. Auch möglich: den Bunsenbrenner nehmen –

den Zucker aufstreuen (kann in dem Fall auch weißer oder brauner Kristallzucker sein) und vorsichtig mit der Flamme des Bunsenbrenners schmelzen und goldbraun werden lassen.

Clafoutis mit Himbeeren

In Portionsförmchen serviert

Zutaten für 4 Personen:
400 g Himbeeren
3 Päckchen Vanillezucker
3 Eier (Größe M)
1 Eigelb (Größe M)
250 g Crème fraîche
60 g Puderzucker
50 g Mehl
1 Prise Salz
Butter für die Förmchen

Zubereitungszeit: 15 Minuten
+ 35–40 Minuten Backen
Kalorien pro Portion: 535 kcal

1_Den Backofen auf 180 Grad vorheizen (erst später einschalten: 160 Grad Umluft). Vier ofenfeste Portionsförmchen (je etwa 300 ml Inhalt) gut buttern.

2_Die Himbeeren verlesen, also faule oder gequetschte Beeren aussortieren, und nur vorsichtig waschen, wenn es nötig ist. Die Himbeeren mit 1 Päckchen Vanillezucker mischen und in den Förmchen verteilen.

3_Die Eier und das Eigelb mit der Crème fraîche, dem Puderzucker und 1 Päckchen Vanillezucker leicht schaumig schlagen. Das Mehl mit Salz mischen und schnell unterheben. Teig auf den Himbeeren verteilen, übrigen Vanillezucker aufstreuen.

4_Clafoutis im Ofen (Mitte) 35–40 Minuten backen, bis der Teig schön aufgegangen und gebräunt ist. Lauwarm abgekühlt schmecken sie am besten.

TIPP

Im Originalrezept kommt keine Crème fraîche, sondern Milch an den Teig. Er ist dann leichter, aber auch nicht so schön cremig. Und die klassische Variante wird mit Kirschen gemacht.

Pochierte Pfirsiche mit Himbeerpüree

Haben mit Vanilleeis unter dem Namen „Pfirsich Melba" international Karriere gemacht!

Zutaten für 4 Personen:
4 kleine oder 2 große vollreife Pfirsiche
1/2 Bio-Zitrone
1 Vanilleschote
1/4 l fruchtiger Weißwein
80 g Zucker
250 g Himbeeren
3 EL Puderzucker
1–2 TL Orangenlikör (wer mag)
4 Kugeln Vanilleeis

Zubereitungszeit: 30 Minuten
Kalorien pro Portion: 370 kcal

1_Pfirsiche in eine Schüssel legen und mit kochend heißem Wasser begießen. Kurz ziehen lassen, abschrecken und die Haut abziehen. Die Pfirsiche halbieren und die Steine entfernen.

2_Die Zitronenhälfte heiß waschen und abtrocknen, die Schale hauchdünn abschneiden, 1 TL Saft auspressen. Vanilleschote der Länge nach aufschlitzen und das Mark mit dem Messerrücken herauskratzen.

3_Den Wein mit Zucker, Vanillemark und -schote und der Zitronenschale in einem Topf aufkochen und offen bei starker Hitze 5 Minuten kochen lassen. Pfirsichhälften einlegen und bei mittlerer Hitze zugedeckt 5 Minuten pochieren. Deckel abnehmen und die Pfirsiche im Sud abkühlen lassen.

4_Für das Püree (in Frankreich nennt man das auch Coulis) die Himbeeren verlesen, also faule oder gequetschte Beeren aussortieren, und nur waschen, falls nötig. Die Himbeeren mit dem Puderzucker mit einer Gabel gründlich zu einem Püree zerdrücken. Mit Zitronensaft und eventuell dem Orangenlikör abrunden.

5_Pfirsichhälften abtropfen lassen und mit je 1 Kugel Vanilleeis und dem Himbeerpüree in Schälchen oder auf Tellern anrichten. Und jetzt: Gleich schmecken lassen, bevor das Eis zu sehr zerläuft.

Erdbeerparfait
Zum Dahinschmelzen gut

Zutaten für 4–6 Personen:
250 g sehr aromatische Erdbeeren (auf die Nase verlassen – duften die Beeren nicht, haben sie auch wenig Aroma)
120 g Puderzucker
1 Stangel Minze (wer mag)
4 ganz frische Eigelb (Größe M)
75 g Crème fraîche oder Crème double
150 g Sahne
1 Prise mittelgrob gemahlener Pfeffer

Zubereitungszeit: 25 Minuten
+ 4 Stunden Tiefkühlen
Kalorien pro Portion (bei 6 Personen): 265 kcal

1_Erdbeeren vorsichtig abbrausen und abtropfen lassen. Die Kelchblätter mit der Messerspitze herauslösen. Die Erdbeeren grob würfeln und mit 1 EL Puderzucker mit einer Gabel sehr fein zerdrücken. Nach Belieben Minze waschen, trockenschütteln und die Blättchen so fein wie möglich hacken und gleich mit dem Erdbeerpüree mischen.

2_Eigelbe und übrigen Puderzucker gut schaumig schlagen. Crème fraîche oder double und das Püree unterrühren. Sahne steif schlagen und mit Pfeffer unterheben.

3_Die Mischung in eine kleine Kastenform (etwa 800 ml Inhalt) füllen und für mindestens 4 Stunden ins Gefrierfach stellen und fest werden lassen. Zum Servieren das Waschbecken mit heißem Wasser füllen. Form kurz hineintauchen, bis das Parfait am Rand schmilzt. Das Parfait auf eine Platte stürzen, in Scheiben schneiden und schmecken lassen.

TIPPs

Das Parfait schmeckt pur, noch besser aber mit Sahne. Diese am besten mit Vanillezucker nicht ganz steif schlagen und als besonderen Clou ein bisschen Pastis darunterrühren.
Auch sehr fein: Parfait mit (marinierten) Erdbeeren dekorieren.
Und naürlich kann man zahlreiche andere Früchte im Parfait verarbeiten: besonders gut schmecken Aprikosen (mit Lavendel und Honig), Zwetschgen (mit ein bisschen Zimt) oder Himbeeren. Aprikosen und Zwetschgen kurz im eigenen Saft garen, dann fein mixen.

Champagner-Sorbet

Für zwischendurch oder als krönender Abschluss

Zutaten für 4 Personen:
125 g Zucker
1/4 l Champagner + eventuell etwas mehr zum Auffüllen
1 Messerspitze fein abgeriebene Bio-Zitronenschale
1 Eiweiß (Größe M)
Minze- oder Melisseblättchen oder/und Erdbeerscheiben zum Garnieren

Zubereitungszeit: 15 Minuten
+ 4 Stunden Tiefkühlen
Kalorien pro Portion: 180 kcal

1_Den Zucker mit 1/4 l Wasser in einem Topf zum Kochen bringen und offen bei starker Hitze etwa 5 Minuten sprudelnd kochen lassen. Den Zuckersirup in eine Schüssel umfüllen und abkühlen lassen.

2_Zuckersirup mit Champagner und der Zitronenschale verrühren, in eine flache Schale füllen und für gut 1 Stunde in den Tiefkühler stellen und anfrieren lassen.

3_Dann die angefrorene Masse wieder in die Schüssel umfüllen und mit den Quirlen des Handrührgeräts cremig schlagen. Das Eiweiß unterschlagen und die Mischung zurück in die flache Form füllen, weitere 3 Stunden gefrieren lassen.

4_Zum Schluss noch einmal kurz durchrühren und das Sorbet in Gläser füllen. Mit Minze oder Melisse und Erdbeeren garnieren und eventuell mit Champagner auffüllen. Und gleich schmecken lassen!

TIPP

Es muss natürlich nicht unbedingt der edle Champagner sein. Auch mit Crémant schmeckt das Sorbet supergut.

Flambierte Apfeltörtchen

Klein, fein, knusprig

Zutaten für 6 Stück:
170 g Mehl
100 g kalte Butter
50 g Puderzucker
1 Prise Salz
3 säuerliche Äpfel (etwa 600 g)
1 EL Zitronensaft
3 Päckchen Vanillezucker
1 Prise Zimtpulver
150 g Crème fraîche
50 ml Calvados

Zubereitungszeit: 40 Minuten
+ 1 Stunde Kühlen
+ 20–25 Minuten Backen
Kalorien pro Stück: 425 kcal

1_Für den Teig das Mehl in eine Schüssel sieben. Butter in kleine Würfel schneiden und dazulegen. Puderzucker einrieseln lassen und die Prise Salz auch. Jetzt noch 2 EL eiskaltes Wasser dazulöffeln und alles mit den Händen schnell und gründlich zusammenkneten, bis keine Butterstückchen mehr zu sehen sind.

2_Teig in sechs Portionen teilen, jeweils zur Kugel rollen, flach drücken und in ein Tartelettförmchen (etwa 12 cm Ø, am besten mit glattem Rand) legen. Teig mit den Fingern komplett in die Form drücken. Für 1 Stunde in den Kühlschrank stellen.

3_Dann die Äpfel vierteln, schälen und die Kerngehäuse rausschneiden. Apfelviertel längs in dünne Scheiben schneiden und mit dem Zitronensaft, 2 1/2 Päckchen Vanillezucker und dem Zimt mischen. Den Backofen auf 200 Grad vorheizen (auch schon jetzt einschalten: 180 Grad Umluft).

Crêpes Suzette
Unbedingt probieren!

Zutaten für 4 Personen:
120 g Butter + etwas mehr zum Braten
125 g Mehl | 2 Päckchen Vanillezucker
1 Prise Salz | 3 Eier (Größe M)
1/4 l Milch | 4 Bio-Orangen
1/2 Bio-Zitrone | 50 g Zucker
50 ml Orangenlikör

Zubereitungszeit: 1 Stunde
Kalorien pro Portion: 585 kcal

1_Für den Teig 70 g Butter schmelzen und lauwarm werden lassen. Mehl mit Vanillezucker, Salz, Eiern, Milch und geschmolzener Butter mit dem Schneebesen glatt verrühren. Teig 30 Minuten stehen lassen.

2_Inzwischen für die Sauce 1 Orange und die Zitronenhälfte heiß waschen und abtrocknen, Schale dünn abschneiden und in feine Streifen schneiden. 2 Orangen und die Zitronenhälfte auspressen. Die übrigen Orangen schälen und die Filets zwischen den Trennhäuten herauslösen.

3_Den Backofen auf 50 Grad (Ober- und Unterhitze) vorheizen. Den Teig noch mal durchrühren. In einer schweren Pfanne etwas Butter zerlassen. 1 Schöpfer Teig hineinlaufen lassen und gleichmäßig dünn verteilen. Bei starker Hitze gut 1/2 Minute braten, umdrehen und noch mal so lang braten. Die gebratenen Crêpes zweimal zusammenfalten, im Ofen warm halten.

4_Übrige Butter und Zucker bei mittlerer Hitze schmelzen und goldbraun werden lassen. Mit Zitrussaft samt den Schalenstreifen und dem Likör ablöschen und bei starker Hitze in etwa 5 Minuten sirupartig einkochen. Orangenfilets in die Sauce legen, erwärmen. Crêpes nach und nach in der Sauce wenden und auf vorgewärmte Teller legen. Die restliche Sauce und die Orangenfilets darüberlöffeln. Besonders fein: je 1 Kugel Vanilleeis dazu essen.

VARIANTE: Tarte tatin
Aus 250 g Mehl, 1 Prise Salz, 50 g Puderzucker und 1 Eigelb (Größe M) einen Teig kneten. Nur wenn er zu trocken ist, etwas kaltes Wasser unter den Teig arbeiten. Teig zur Kugel rollen, in Folie packen und 1 Stunde in den Kühlschrank legen. 1 kg säuerliche Äpfel (wer die Wahl hat, nimmt lieber kleinere) achteln, schälen und die Kerngehäuse rausschneiden. Jetzt braucht man eine Form, die man auch auf den Herd stellen kann, etwa eine Tarteform aus Gusseisen oder Aluminium. Darin 100 g Butter mit 100 g Zucker bei mittlerer Hitze schmelzen und zart karamellbraun werden lassen. Hitze klein stellen, die Apfelachtel untermischen und noch etwa 10 Minuten weiterbraten bzw. -dünsten, bis alle Äpfel von einer karamellbraunen Schicht überzogen sind. Vom Herd ziehen. Den Teig noch einmal durchkneten, wieder zur Kugel formen und zwischen zwei Lagen Klarsichtfolie rund in Größe der Form ausrollen. Eine Folie abziehen. Teig auf die Äpfel stürzen und die andere Folie auch abziehen. Die Tarte im 220 Grad heißen Backofen (Mitte, 200 Grad Umluft) etwa 25 Minuten backen. 10 Minuten stehen lassen, Teig vom Rand ablösen und die Tarte auf eine große Platte stürzen. Aufschneiden und lauwarm essen.

4_Die Apfelspalten hübsch auf den Teigtörtchen verteilen, etwa als Rosette. Die Törtchen im Ofen (Mitte) 20–25 Minuten backen, bis sie schön braun sind. Kurz in den Förmchen stehen lassen, dann mit einem Messer vom Rand der Förmchen lösen und auf Teller legen.

5_Die Crème fraîche mit dem übrigen Vanillezucker cremig rühren. Calvados in eine Schöpfkelle füllen und über einer Kerzenflamme erwärmen. Dann mit einem langen Streichholz anzünden und gleich über die Törtchen gießen und ausbrennen lassen. Neben jedes Törtchen einen Klecks Crème fraîche setzen und die Törtchen warm essen.

Cassiscreme

Nix für Kinder

Zutaten für 4 Personen:
3 Blatt weiße Gelatine
500 g schwarze Johannisbeeren
1/2 Bio-Zitrone
75 ml Crème de Cassis
100 g Zucker
100 g Crème fraîche
150 g Sahne
1 EL Puderzucker

Zubereitungszeit: 30 Minuten
+ 4 Stunden Kühlen
Kalorien pro Portion: 415 kcal

1_Gelatine in eine flache Schale legen und
kaltes Wasser darübergießen. Die Gelatine
in 10 Minuten weich werden lassen.

2_Das Waschbecken mit etwas kaltem
Wasser füllen. Die Johannisbeeren hineinschütten und hin und her schwenken. Alle
welken Beeren aussortieren, wegwerfen.
Übrige Johannisbeeren aus dem Wasser
nehmen und abtropfen lassen. 100 g
abmessen und wegstellen, die übrigen
Beeren in einen Topf füllen.

3_Die Zitronenhälfte heiß waschen und
abtrocknen, die Schale fein abreiben, den
Saft auspressen. Beides mit 50 ml Cassis
und dem Zucker zu den Beeren im Topf
rühren. Heiß werden lassen, offen etwa
5 Minuten bei mittlerer Hitze vor sich hin
köcheln lassen. Dann die Mischung fein
pürieren. Wer sich an den Kernchen stört,
streicht das Püree auch noch durch ein
feines Sieb. In jedem Fall die Gelatineblätter nach und nach gut ausdrücken
und unters warme Fruchtpüree rühren,
bis sie sich auflösen.

4_Das Püree in eine Schüssel füllen und
abkühlen lassen. Die Crème fraîche glatt
rühren und unters Fruchtpüree mischen.
Die Sahne steif schlagen und unterheben.
Die Creme für etwa 4 Stunden in den
Kühlschrank stellen. Übrige Beeren mit
dem restlichen Cassis und dem Puderzucker verrühren und genauso lange
stehen lassen.

5_Zum Servieren von der Creme Nocken
abstechen und auf Dessertteller verteilen.
Mit den Beeren garnieren.

Zitronencreme

Erfrischung – auch nach einem
üppigen Menü

Zutaten für 4–6 Personen:
2 Blatt weiße Gelatine
2 Bio-Zitronen
2 ganz frische Eier (Größe M)
80 g Zucker
150 g Crème fraîche
200 g Sahne
4–6 kandierte Zitronenscheiben
zum Garnieren

Zubereitungszeit: 30 Minuten
+ 4 Stunden Kühlen
Kalorien pro Portion (bei 6 Personen):
285 kcal

1_Gelatine 10 Minuten in kaltem Wasser
einweichen. Die Zitronen heiß waschen
und abtrocknen, die Schale fein abreiben.
Den Saft von 1 1/2 Zitronen auspressen.

2_Die Eier trennen. Die Eigelbe mit dem
Zucker in einer Schüssel verquirlen und
diese in ein heißes Wasserbad setzen
(siehe auch Seite 62). Die Mischung etwa
5 Minuten lang kräftig aufschlagen, bis
die Creme hell und dickschaumig ist.

3_Zitronensaft und -schale unter die Schaumcreme mischen. Gelatineblätter nach und nach ausdrücken und unter die warme Creme rühren, bis sie sich aufgelöst haben. Die Zitronencreme abkühlen lassen, dann Crème fraîche untermischen (wenn die Zitronencreme schon sehr fest ist, vorher cremig rühren).

4_Die Sahne und die Eiweiße getrennt steif schlagen und unter die Creme heben. Die Creme in Portionsförmchen füllen und mindestens 4 Stunden kühl stellen. Vor dem Servieren je 1 kandierte Zitronenscheibe in die Creme stecken.

TIPP

Kandierte Zitronenscheiben gibt es in Delikatessengeschäften und in Fruchthäusern. Am besten schmecken schwach kandierte Fruchtscheiben. Wer sie nicht bekommt, schneidet einfach 1 langes Stück Zitronenschale (5–6 cm) der Länge nach in ganz feine Streifen. Mit wenig Wasser benetzen, in feinen Zucker tauchen und als Garnitur aufstreuen.

Ziegenkäse mit Orangenhonig

Einfach toll

Zutaten für 4 Personen:
1 Bio-Orange
2 Zweige Thymian
50 g Honig
1 TL Zitronensaft
4 kleine Ziegenfrischkäse (je etwa 40 g, z.B. Picandou)

Zubereitungszeit: 10 Minuten
Kalorien pro Portion: 80 kcal

1_Orange heiß waschen und abtrocknen. Die Schale dünn abschneiden und in feine Streifen schneiden (oder gleich mit dem Zestenreißer abschälen). 1/2 Orange auspressen. Thymian waschen und trockenschütteln, die Blättchen abstreifen.

2_Den Honig mit dem Thymian, dem Orangen- und dem Zitronensaft in einen kleinen Topf füllen und leicht erwärmen. Orangenschale untermischen. Ziegenkäse auf Tellern verteilen und jeweils etwas vom Honig darüberlöffeln. Gleich auf den Tisch stellen.

Und dazu: Madeleines

Für etwa 20 Stück 100 g Butter schmelzen und abkühlen lassen. 1/2 Bio-Orange und 1/4 Bio-Zitrone heiß waschen, abtrocknen und die Schale ganz fein abreiben. 4 Eier (Größe M) und 100 g Puderzucker mit den Quirlen des Handrührgeräts gut schaumig schlagen. 1 EL Rum oder Cognac, ein paar Tropfen Rumaroma, 1/2 TL gemahlene Vanille (gibt es im Reformhaus) und die Zitrusschalen unterrühren. 200 g Mehl mit knapp 1 TL Backpulver mischen und unterrühren, die Butter untermengen. Die Mulden einer Madeleine-Form (als Ersatz Papierbackförmchen für Muffins nehmen, jeweils zwei ineinander stellen) mit Butter ausstreichen und den Teig einfüllen. Im 200 Grad heißen Backofen (Mitte, 180 Grad Umluft) etwa 13 Minuten backen, bis sie schön gebräunt sind. Kurz stehen lassen, aus der Form lösen und dann komplett auskühlen lassen. Vorm Essen dünn mit Puderzucker bestäuben. Die Madeleines zum Ziegenkäse essen oder auch einfach zum Milchkaffee – Eintunken erwünscht!

Birnen-Charlotte

Der Klassiker für viele

Zutaten für 1 Charlotte (8–10 Stück):
4 saftige Birnen (etwa 700 g)
1 Bio-Zitrone │ 1 Vanilleschote
100 ml trockener Weißwein oder
Birnensaft │ 100 g Zucker
6 Blatt weiße Gelatine │ 1/4 l Milch
3 Eier (Größe M) │ 3 Eigelb (Größe M)
1 EL Kakaopulver oder löslicher Kaffee
200 g Crème fraîche
200 g Löffelbiskuits (gut vom Bäcker)

Zubereitungszeit: 1 Stunde
+ 6 Stunden Kühlen
Kalorien pro Portion (bei 10 Stück):
315 kcal

1_Birnen vierteln, schälen, entkernen und klein würfeln. Zitrone heiß waschen, abtrocknen. 4 cm Schale dünn abschneiden, Rest der Schale fein abreiben, eine Hälfte auspressen. Vanilleschote längs halbieren. Birnen, Wein oder Birnensaft, Zitronensaft und -schalenstück, 1/2 Vanilleschote und 1 EL Zucker im Topf erwärmen und zugedeckt bei schwacher Hitze 5 Minuten dünsten. Neben dem Herd abkühlen lassen.

2_Gelatine 10 Minuten in kaltes Wasser legen. Aus der übrigen Vanilleschote das Mark mit dem Messerrücken rauskratzen. Milch mit Mark und Schote erwärmen. Die Eier trennen. Alle Eigelbe mit restlichem Zucker schaumig rühren. Die Milch dazugießen, Kakao- oder Kaffeepulver und die abgeriebene Zitronenschale untermischen und alles unter Rühren erwärmen und einmal aufpuffen lassen. Nicht kochen, sonst gerinnen die Eigelbe. Gelatineblätter nach und nach ausdrücken und unter Rühren in der warmen Eigelbcreme auflösen. Creme lauwarm abkühlen lassen und dann etwa 30 Minuten in den Kühlschrank stellen.

3_Inzwischen die Eiweiße steif schlagen. Crème fraîche cremig rühren, die Birnen aus dem Sud heben. Eine Schüssel (etwa 2 l Inhalt) mit etwa drei Viertel der Löffelbiskuits auslegen und den Birnensud darauflöffeln.

4_Crème fraîche und Birnen unter die Eigelbcreme rühren. Eischnee mit dem Kochlöffel vorsichtig, aber gründlich unterziehen. Creme auf die Löffelbiskuits in der Schüssel füllen und glatt streichen, mit übrigen Biskuits abdecken. Charlotte mindestens 6 Stunden in den Kühlschrank stellen und fest werden lassen.

5_Dann eine große Platte umgedreht auf die Schüssel legen und beides zusammen umdrehen. Die Charlotte auf die Platte stürzen und in Stücke schneiden. Dazu schmeckt am besten Schlagsahne.

Mini-Schokokuchen

Mit flüssigem Kern

Zutaten für 6 Stück:
Für die Kuchen:
150 g Zartbitter-Schokolade
80 g Butter + etwas mehr für die Form
1 kräftige Prise Salz │ 4 Eier (Größe M)
75 g Zucker │ 1 Päckchen Vanillezucker
4 EL Mehl
Für die Kirschsahne:
150 g Sauerkirschen (aus dem Glas)
200 g Sahne │ 2 Päckchen Vanillezucker
1 Messerspitze fein abgeriebene Bio-Zitronen- oder Orangenschale
1 EL Crème fraîche

Zubereitungszeit: 50 Minuten
Kalorien pro Stück: 525 kcal

1_Für die Kuchen Schokolade in Stücke brechen, Butter würfeln. Beides in einen kleinen Topf geben und bei geringer Hitze vorsichtig schmelzen. Salz unterrühren.

2_Den Backofen auf 220 Grad vorheizen (auch schon jetzt einschalten: 200 Grad Umluft). Eine Muffinform mit 6 Mulden gut mit Butter einfetten.

3_Die Eier mit Zucker und Vanillezucker gut schaumig schlagen. Die Schokobutter nach und nach unterschlagen, zum Schluss das Mehl sieben und kurz, aber gründlich unterheben. Den Teig in die Vertiefungen der Form füllen und in den Ofen (Mitte) schieben. Schokokuchen etwa 12 Minuten backen. Kurz stehen lassen.

4_Inzwischen für die Kirschsahne die Kirschen im Sieb abtropfen lassen und fein hacken. Sahne mit dem Vanillezucker steif schlagen. Kirschen mit der Zitronen- oder Orangenschale und Crème fraîche unterheben.

5_Schokokuchen mit der Messerspitze vom Rand der Form lösen, herausheben und auf Teller setzen. Mit der Kirschsahne garnieren und lauwarm servieren.

Gugelhupf mit Trauben

So richtig saftig und locker!

Zutaten für 1 Gugelhupf (16 Stück):
1 Würfel frische Hefe (42 g)
1/8 l lauwarme Milch
150 g Zucker
500 g Mehl
1/2 Bio-Zitrone
125 g weiche Butter + 2 EL mehr für die Form
4 Eier (Größe M)
1/2 TL gemahlene Vanille (gibt es im Reformhaus)
1 kräftige Prise frisch geriebene Muskatnuss | Salz
4 EL Mandelblättchen
350–400 g kleine kernlose Weintrauben
Puderzucker zum Bestäuben

Zubereitungszeit: 40 Minuten
+ 1 1/2–2 1/2 Std. Gehen
+ 1 Stunde Backen
Kalorien pro Portion (bei 16 Stück):
280 kcal

1_Die Hefe zerkrümeln und in einem Schälchen mit 5–6 EL Milch und 1 TL Zucker verrühren. Mehl mit dem übrigen

Zucker in einer Schüssel mischen, eine kleine Mulde formen. Hefemilch hineingießen, mit Mehl bestäuben und zugedeckt 15 Minuten gehen lassen.

2_Die Zitronenhälfte heiß waschen und abtrocknen, die Schale fein abreiben. Zitronenschale, Butter, Eier, Vanille, Muskat und Salz zum Mehl geben und alles mit den Knethaken des Handrührgeräts etwa 5 Minuten durchkneten. Abgedeckt noch mal 1–2 Stunden gehen lassen, bis der Teig doppelt so hoch ist.

3_Dann eine Gugelhupfform (gut 2 l Inhalt) dick mit Butter ausstreichen. Die Mandelblättchen hineinstreuen und die Form so in alle Richtungen drehen, dass sich die Blättchen gut verteilen. Trauben waschen, abtropfen lassen und von den Stielen zupfen. Mit den Knethaken unter den Teig arbeiten, Teig in der Form verteilen, weitere 15 Minuten gehen lassen. Den Backofen auf 180 Grad vorheizen (erst später einschalten: 160 Grad Umluft).

4_Kuchen in den Ofen (Mitte) schieben und etwa 1 Stunde backen, bis er schön gebräunt ist. Gugelhupf etwas auskühlen lassen und aus der Form stürzen. Vor dem Servieren Puderzucker darüberstäuben.

Eclairs mit Mokkacreme

Süße Sünde, der niemand widerstehen kann

Zutaten für 24 Stück:
Für die Creme:
4 Blatt weiße Gelatine
150 ml Espresso
150 ml Milch
2 Eier (Größe M)
50 g Zucker
1 Eiweiß (Größe M)
125 g Sahne
75 g Crème fraîche oder Crème double
Für den Teig:
80 g Butter
1/4 l Milch
1 Prise Salz
1 Päckchen Vanillezucker
200 g Mehl
5 Eier (Größe M)
1 TL Backpulver
Außerdem:
Puderzucker zum Bestäuben

Zubereitungszeit: 1 Stunde
+ 20 Minuten Backen
+ 4 Stunden Kühlen
Kalorien pro Stück: 135 kcal

1_Für die Creme die Gelatineblätter etwa 10 Minuten in kaltes Wasser legen, bis sie weich werden. Den Espresso und die Milch mischen und erwärmen.

2_Die Eier trennen. Die Eigelbe mit dem Zucker in einem Topf schaumig schlagen. Heiße Kaffeemilch nach und nach dazulaufen lassen. Topf auf den Herd stellen und die Mischung bei mittlerer Hitze warm werden lassen, bis sie einmal aufpufft. Dabei immer rühren und nach dem Aufpuffen gleich vom Herd ziehen. Wird die Masse zu heiß, gerinnen die Eigelbe.

3_Die Mischung etwas abkühlen lassen, dann die Gelatineblätter nacheinander abtropfen lassen und unter die Creme rühren, bis sie sich aufgelöst haben. Die Creme in eine Schüssel füllen und so lange in den Kühlschrank stellen, bis sie am Rand anfängt, fest zu werden.

4_Dann alle Eiweiße und die Hälfte der Sahne getrennt steif schlagen und mit der Crème fraîche oder der Crème double vorsichtig unter die Creme ziehen. Mokkacreme für mindestens 4 Stunden in den Kühlschrank stellen, bis sie richtig schön fest ist.

5_Ist die Creme fest, für den Teig die Butter in Stücke schneiden und mit der Milch, dem Salz und dem Vanillezucker in einem Topf zum Kochen bringen. Kurz vom Herd ziehen und das Mehl auf einmal hineinschütten, gut unterrühren. Die Hitze ganz klein stellen, den Topf wieder auf den Herd stellen. Die Mischung so lange durchrühren und erhitzen, bis ein fester Teigkloß im Topf liegt und auf dem Topfboden ein weißlicher Belag zu sehen ist.

6_Teig in eine Schüssel füllen und 1 Ei gleich unterrühren, damit er geschmeidig bleibt (das geht am besten mit den Knethaken des Handrührgeräts). 5 Minuten abkühlen lassen, dann nach und nach die übrigen Eier gründlich unterrühren. Beim letzten Ei das Backpulver mit dazugeben.

7_Den Backofen auf 200 Grad vorheizen (auch schon jetzt einschalten: 180 Grad Umluft). Das Backblech mit Backpapier auslegen. Den Teig in einen Spritzbeutel mit weiter Sterntülle füllen und zu länglichen Teigstücken (etwa 6 cm lang und knapp 3 cm breit) aufs Blech spritzen. Dabei immer reichlich Abstand lassen, denn die Eclairs werden beim Backen fast dreimal so groß.

8_Das Blech in den Ofen (Mitte) schieben und auf den Boden des Ofens gut 1 Tasse heißes Wasser schütten. Ofentüre gleich schließen und die Eclairs etwa 20 Minuten backen, bis sie aufgegangen und schön braun sind. Vom Blech nehmen und mit einem gezackten Messer sofort quer aufschneiden. Abkühlen lassen.

9_Die übrige Sahne steif schlagen. Die Creme noch einmal durchrühren und die Sahne unterziehen. Die Creme ebenfalls in einen Spritzbeutel mit weiter Sterntülle füllen und die unteren Hälften der Eclairs damit bespritzen. Obere Eclair-Hälften aufsetzen, mit Puderzucker bestäuben und die Eclairs möglichst frisch essen.

VARIANTE: Profiteroles

Teig wie beschrieben zubereiten, dann aber zu walnussgroßen Bällchen auf das Blech spritzen und backen, aufschneiden. Für die Füllung 100 g getrocknete Aprikosen mit dem Saft von 1/2 Zitrone und 50 ml Weißwein einmal aufkochen und 30 Minuten stehen lassen. Abtropfen lassen und mit 150 g Crème fraîche fein pürieren. 100 g Sahne mit 1 Päckchen Vanillezucker steif schlagen und mit den Blüten von 4 Zweigen Lavendel untermischen. Die Profiteroles damit füllen.

TIPP

Wer keinen Spritzbeutel hat, muss sich einen basteln: Teig in einen Gefrierbeutel füllen, ein Eck abschneiden und den Teig durch dieses Loch auf das Blech spritzen. Einziger Nachteil: die Eclairs werden glatt, statt leicht wellig.

Basic:

New York, London, Tokio – die komplette große Welt ist verrückt nach „macarons". Und die allerbesten gibt es natürlich in Paris, schließlich kommen sie von dort.

Die cremigen Eiweißschäumchen sind derzeit die Edelsteine in den Auslagen der First-Class-Confiserien, wo sie von traumhaft schönen Fachverkäuferinnen mit zarten Händen in mit Seidenpapier ausgeschlagene Schatullen gebettet werden, damit man sie heil nach Hause bekommt. Und dort genießt man sie dann mit einem Premium Superior First Flush Darjeeling oder gerne auch einem Gläschen Jahrgangs-Champagner, bitte schön!

Was aber tun, wenn man nicht gerade in der Nähe solch einer Confiserie wohnt und auch bei den Getränken schärferes Kalkulieren nötig ist? Dann muss man sich wohl selbst in die Küche stellen und schlagen, spritzen, backen. Wobei, wir sagen es gleich, das Ergebnis nicht ganz an die Produkte französischer Spitzenkonditoren heranreichen wird. Wie Sushi wirken auch „macarons" auf den ersten Blick leicht zu machen, im weiteren Verlauf kann es dann aber doch filigran werden. Nach unserem Rezept schmecken sie am Schluss auf jeden Fall, auch wenn das Optimum nicht erreicht wurde. Was ja auch seinen Vorteil hat: Dann tut es dazu auch ein einfacher Darjeeling oder ein Glas ordentlicher Schaumwein.

4

Macarons

Zutaten für zweimal 20 Stück:

Für die Safran-Macarons:
110 g Puderzucker
60 g gemahlene, gehäutete Mandeln
2 Eiweiß (Größe M) | 40 g Zucker
1 Döschen Safranpulver (0,1 g)
1 kleine Prise Salz

Für die Schoko-Macarons:
110 g Puderzucker
1 TL ungesüßtes Kakaopulver
60 g gemahlene, gehäutete Mandeln
2 Eiweiß (Größe M) | 40 g Zucker
1 kleine Prise Salz

Für die Füllungen:
120 g dunkle Johannisbeerkonfitüre
1 EL Crème de cassis
70 g weiße Schokolade
1 EL Butter
50 g Sahne

Zubereitungszeit: 1 Stunde
+ 20–25 Minuten Backen
+ Auskühl- und Ruhezeit
Kalorien pro Stück: 145 kcal

1_Für die Safran-Macarons Puderzucker in eine große Schüssel sieben, Mandeln untermischen. Eiweiße mit Zucker, Safran und Salz verrühren und 5 Minuten stehen lassen. Dann mit den Quirlen des Handrührgeräts (oder auch mit der Küchenmaschine) auf höchster Stufe cremig-steif, aber nicht völlig fest schlagen (Bild 1).

2_Etwa ein Drittel des Eischnees mit dem Schneebesen behutsam unter die Mandelmischung ziehen (Bild 2). Nun das nächste Drittel und anschließend den Rest behutsam untermengen.

3_Für die Schoko-Macarons Puderzucker mit Kakao in die Schüssel sieben, Mandeln untermischen. Eiweiß, Zucker und Salz wie beschrieben zu Eischnee schlagen und mit der Mandelmischung vermengen.

4_Den Backofen auf 175 Grad vorheizen (auch schon jetzt einschalten: 160 Grad Umluft). Zwei Backbleche mit Backpapier auslegen (wer möchte, kann die Bleche vorher noch buttern, damit das Papier schön festklebt). Jede Macarons-Masse in einen möglichst kleinen Spritzbeutel mit Lochtülle füllen und mit ausreichend Abstand spiralförmig aufs Blech spritzen, sodass flache Scheiben (3 cm Ø) entstehen (Bild 3). Wer mag, kann die Kreise auf dem Backpapier auch vorzeichnen; wem der Aufwand zu groß ist, kann auch mit Geschick die Masse mit dem Teelöffel aufs Blech setzen und dann passend formen.

5_Nun die Bleche mit etwas Schwung auf die Arbeitsfläche klopfen, sodass die Macarons möglichst gleichmäßig „abflachen". Dann nacheinander im Ofen (Mitte) 10–12 Minuten backen, bis sie sich leicht vom Papier lösen lassen. Papiere behutsam von den Blechen auf ein Gitter ziehen, Macarons über Nacht auskühlen lassen.

6_Jetzt noch die Füllungen vorbereiten: Für die Safran-Macarons die Konfitüre mit dem Cassis verrühren. Für die Schoko-Macarons Schokolade hacken, mit Butter und Sahne in einen kleinen Topf geben und bei geringer Hitze unter Rühren schmelzen lassen. Dies ebenfalls über Nacht kühlen.

7_Am nächsten Tag die Schokosahne mit den Quirlen des Handrührgeräts zu einer cremig-steifen Masse aufschlagen.

8_Auf die Hälfte der Schoko-Macarons jeweils etwas Schokosahne geben (mit Hilfe einer Spritztüte oder eines Mokkalöffels), die andere Hälfte daraufsetzen. Die Safran-Macarons mit der Konfitüre füllen und zusammensetzen (Bild 4). 2 Stunden in der Küche stehen lassen, dann gleich servieren – mit Tee oder Schaumwein nach Wunsch.

Register von A – Z

Damit Sie Rezepte mit ganz bestimmten Zutaten noch schneller finden können, stehen in diesem Register zusätzlich auch beliebte Zutaten wie **Äpfel** und **Kartoffeln** oder Gerichte wie **Mousse** – alles ebenfalls alphabetisch geordnet und hervorgehoben – über den entsprechenden Rezepten.

Die Basic family

rund ums Kochen und Verwöhnen

Neu

French Basics

ISBN 978-3-8338-1440-2

Meat Basics

ISBN 978-3-8338-1064-0

Sweet Basics

ISBN 978-3-7742-0916-3

Indien Basics

ISBN 978-3-8338-0835-7

Basic cooking 2

ISBN 978-3-8338-0446-5

Fish Basics

ISBN 978-3-8338-0077-1

Vegetarian Basics

ISBN 978-3-7742-8795-2

Oriental Basics

ISBN 978-3-7742-6624-7

Asian Basics

ISBN 978-3-7742-4910-3

Cocktail Basics

ISBN 978-3-7742-5798-6

Italian Basics

ISBN 978-3-7742-2005-8

Basic baking

ISBN 978-3-7742-1642-6

Basic cooking

ISBN 978-3-7742-1142-1

Änderungen und Irrtum vorbehalten.

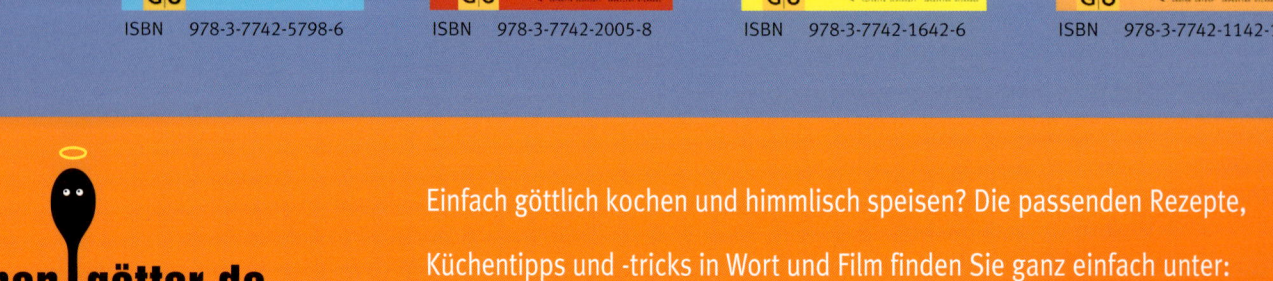

Impressum

Cornelia Schinharl: Fast alle Rezepte der kompletten Basic-Reihe stammen von der erfolgreichen GU-Autorin – und zum Thema Frankreich hat sie auch in der Reihe FÜR DIE SINNE Bemerkenswertes geliefert. Bei der Fotoproduktion in ihrer Landküche gab sie als charmante „Patronesse" den Basic-Models Hilfestellung bei allen ungewohnten Handgriffen. Dafür und auch für alles andere ein ganz spezieller Dank der Redaktion!
cornelia.schinharl@t-online.de

Sebastian Dickhaut: Der Basic-Stammautor – und Experte für alles, was man rund um die Küche Frankreichs wissen sollte und lesen möchte, ob Zutaten oder Lebensart, Profitricks oder Küchenlegenden. Die Spezialrezepte mit Steps am Ende jedes Kapitels hat er ebenfalls bis ins Detail ausgeköchelt.
info@sebastian-dickhaut.de
www.rettet-das-mittagessen.de
www.küchengötter.de

Doris Schmalhofer-Birk	Programmleitung
Birgit Rademacker	Leitende Redakteurin
Sabine Sälzer	Projektleitung, Redaktion
engels + partner, Thomas Jankovic	Gestaltung & Layout, Cover, Illus
Redaktionsbüro Christina Kempe	Lektorat, Satz/DTP, Gestaltung
Barbara Bonisolli	Foodfotografie
Claudia Juranits, Anja Prestel	Fotoassistenz
Hans Gerlach	Foodstyling
Alexander Kühn	Assistenz Foodstyling
Alexander Walter	Peoplefotografie
Maximilian Prechtel	Foto-Assistenz
Cornelia Schinharl	Food & Styling
Sabine Sälzer	bei der People-Fotoproduktion
Coco Lang	Stillife-Foto Ikonen
Tanja Kernweiss	Assistenz
Susanne Mühldorfer	Herstellung
Petra Bachmann	Schlusskorrektur
Manfred Pfister	Mitarbeit Korrektorat
Repro	Repro Ludwig
Druck	aprinta, Wemding
Bindung	Sellier, Freising

Unsere flotten Fünf im Frankreich-Fieber, an einem sonnigen Wochenende im Herbst – von links nach rechts: Marc Strittmatter, Renate Hutt, Babsy Pfannenstiel-Schwarz, Maike Damm, Lars Grunewald.
Unser Model-Gast im Frankreich-Buch: Stephanie Hoyer (Foto siehe Rückseite)
Merci et à bientôt!

Bildnachweis:

Barbara Bonisolli: alle Rezeptfotos im Studio, Stepfotos auf S. 24, 25, Spezialrezepte + Steps auf den Seiten 50/51, 66/67, 82/83, 102/103, 118/119, 136/137

Alexander Walter: alle Peoplefotos mit den Basic-Models; außerdem die Motive auf S. 3, 4/5, 7, 8, 14, 17, 19, 20, 21, 22, 26/27, 29, 31 (2), 34, 35, 36 (Mitte), 40 (Mitte), 41 (links + rechts), 42 (links + rechts), 43 (links + rechts), 47 (links), 53, 55 (2), 56 (rechts), 57 (links), 58, 59, 61 (links), 69, 71 (2), 74 (rechts), 76 (Mitte), 77 (rechts), 81 (links), 85, 87 (2), 91 (rechts), 97, 98 (Mitte), 99 (links), 101 (links), 105, 107 (2), 109, 117 (rechts), 121, 123 (2), 125 (links + rechts), 129, 130 (Mitte), 133 (links), 143, Rückseite (Mitte + rechts)

Coco Lang: Ikonenfoto auf S. 10/11

engels + partner, Thomas Jankovic: Titel-Hahn + alle Illustrationen

© 2009 GRÄFE UND UNZER VERLAG GmbH, München.

ISBN	978-3-8338-1440-2

2. Auflage 2009

GRÄFE UND UNZER

Ein Unternehmen der
GANSKE VERLAGSGRUPPE

Parlez-vous cuisine?

Eine Nation, die ihre Köche „chefs" nennt und da noch zwischen Sauciers, Entremetiers oder Pâtissiers unterscheidet, sagt nicht einfach nur: „Wir kochen". Vielmehr hat sie eine Menge von Fachausdrücken für Küchentätigkeiten parat, die man zum Teil noch gar nicht kannte, bevor man das schöne Wort dafür gehört hat. Und weil Französisch die internationale Küchensprache ist, hat sie auch die Begriffe dafür im Deutschen geprägt. Hier ein Auszug davon:

Aprikotieren (von frz. abricot, dt. Aprikose): Gleich zu Beginn der vielleicht hübscheste deutsch-französische Küchentätigkeitsbegriff, der streng genommen nur in der Pâtisserie fällt, wenn Gebäck mit passierter Aprikosenkonfitüre bestrichen wird (z.B. Tortenböden); gilt inzwischen aber auch bei anderen Konfitüren.

Bardieren (von frz. barder, dt. umwickeln): „Bardiert" wird z.B. der Rücken eines Hasen oder die Brust eines Fasans, um diese mageren Stücke beim Garen vor dem Austrocknen zu schützen – durch das Belegen oder Umwickeln mit Scheiben von frischem („grünem") Speck. Die feine Alternative zum Spicken.

Dressieren (von frz. dresser, dt. aufstellen, formen): Im Zirkus wird dieser Begriff für lebende Tiere wie Pferde oder Löwen verwendet, in der Küche für tote: „ein Huhn dressieren" heißt da also nicht, es zu zähmen, sondern es vor dem Braten mit Küchengarn in Form zu binden, was zudem noch „bridieren" (frz. brider, dt. aufzäumen) genannt wird. Aber auch ein Sahnehäubchen wird dressiert, also in schöner Form aufgespritzt.

Farcieren (von frz. farcir, dt. Füllung): In der Küche ist die „farce" eine fein durch den Fleischwolf gedrehte oder pürierte Masse, meist aus Fleisch oder Fisch, mit der z.B. Bratenstücke gefüllt, also „farciert" werden. Davon hat dann das Theater den Namen für komische Füllstücke zwischen den Akten abgeleitet, die dann selbst zu einer Gattung wurden – zur „Farce".

Filetieren (von frz. filet, dt. dünner Faden, Netz): Manche sagen, dass seine längliche, an einen Faden erinnernde Form dem Filet seinen Namen gab, andere schwören, dass es der dünne Faden war, mit dem das wertvolle Teil einst netzartig umwickelt wurde. Jedenfalls gilt „Filet" heute für alle feinsten Teile von Fleisch, Fisch oder auch Orangen, die man durch Filetieren erhält – ein behutsames Auslösen mit einem scharfen, schmalen Messer.

Frittieren (von frz. frire, dt. in Fett backen, braten): Bis zur Rechtschreibreform hieß der Fachausdruck fürs Ausbacken in heißem Fett „fritieren", nun ist er um ein „t" reicher und damit den neudeutschen „Fritten" näher als den klassischen „Pommes frites".

Marinieren (von frz. mariner, dt. einsalzen, einlegen): Dass die Marinade was mit der Marine zu tun hat, darauf muss man erst mal kommen. Tatsächlich rührt der Begriff von dem einstigen Brauch, Lebensmittel in – konzentriertem – salzigen Meerwasser einzulegen, damit das Salz sie konserviert und ihnen zugleich Geschmack gibt. Oliven z.B. wurden früher so halt- und überhaupt erst genießbar gemacht.

Montieren (von frz. montage, dt. Ein-, Zusammenbau): In den Siebzigern und Achtzigern des letzten Jahrhunderts wurde der Saucenkoch zum „Monteur", denn im Zuge der französischen „nouvelle cuisine" hat man auch bei uns den Brauch eingeführt, Saucen nicht mehr durch eine Mehlschwitze zu binden, sondern ihnen durch das Einrühren von kalter Butter Halt und Glanz zu geben – was gerne auch als „aufmontieren" bezeichnet wird.

Parieren (von frz. parer, dt. herrichten): Auch hier herrscht eine nicht sofort ins Auge springende Verbindung – und zwar zu einer „Parade", für die sich die Beteiligten schön herrichten. Nichts anderes geschieht, wenn man in der Küche ein Stück Fleisch „pariert", es also von Sehnen und Fett befreit, damit es schön in die Pfanne, den Topf oder den Ofen kommen kann.

Passieren (von frz. passer, dt. vorübergehen): Wir sind mal so frei und verkürzen obige deutsche Übersetzung auf „übergehen" und schließen daraus, dass damit der Übergang einer Flüssigkeit von einem Topf übers Sieb in einen anderen gemeint ist, wobei „en passant" einiges in diesem feinen Passiersieb (das vielleicht mit einem noch feineren Passiertuch ausgelegt ist) hängen bleibt, sodass die Flüssigkeit letztendlich vom Feinsten ist – nämlich passiert.

Pochieren (von frz. poche, dt. Tasche): Beim perfekten „Verlorenen Ei" liegt das weiche Eigelb im in siedendem Wasser geronnenen Eiklar so sicher wie eine Geldbörse in der Handtasche, weswegen man für diese Form des Garziehens in Flüssigkeit den Begriff „pochieren" gefunden hat – auch wenn dabei Fisch oder Geflügel ohne jede Hülle gegart werden.

Poelieren (von frz. poêle, dt. Bratpfanne): Ein selten genutzter Begriff für den Vorgang, ein Stück helles Fleisch vorzugsweise mit Haut (gerne Geflügel) sanft und ohne Farbe anzubraten und es dann im nicht zu heißen Ofen zugedeckt langsam zu garen und zum Schluss bei mehr Hitze leicht zu bräunen. Dabei wird es mit dem entstehenden Saft „arosiert", also begossen.

Sautieren (von frz. sauter, dt. springen): Nach dem schnellen Zwiebelschneiden ist dies der zweit-meist-faszinierendste Handgriff in der Profiküche. Durch ein rasches Schnicken aus dem Handgelenk lässt man eine Portion Fleisch- oder Gemüsestreifen beim Anbraten oder -dünsten am schrägen Rand einer Pfanne oder eines Stieltopfs („sauteuse") hochsteigen, bis alles über den Rand springt, einen Salto rückwärts schlägt und danach wieder im Gefäß landet. Voilà: sautiert!